독일연방헌법재판소

독일연방헌법재판소

沿革·任務 그리고 展望을 중심으로

유타 림바흐
鄭南哲 옮김

고려대학교출판부
KOREA UNIVERSITY PRESS

The publication of this work was supported
by a grant from the Goethe-Institut.

DAS BUNDESVERFASSUNGSGERICHT
Jutta Limbach

역자 서문

우리 헌정사憲政史를 반추反芻하면서 실질적 법치주의에 대한 강력한 의지와 기본권에 대한 인식이 점차 제고되고 있다는 사실을 절감하게 된다. 2004년 대통령탄핵사건이나 〈신행정수도의건설을위한특별조치법〉에 대한 위헌소원사건에서 본 바와 같이, 우리 헌법재판소에 대한 국민들의 지대한 관심은 실질적 법치국가로의 진전을 의미한다. 이 저서는 독일연방헌법재판소 소장을 역임한 여성 진보법학자進步法學者인 유타 림바흐Jutta Limbach가 저술한 것으로서, 독일의 헌법수호기관 및 기본권보장기관으로서 괄목할 만한 성과를 보여 준 독일연방헌법재판소의 연혁, 임무 그리고 앞으로의 과제 등 최근동향까지도 상세하고 명쾌하게 소개하고 있다.

헌법재판소는 순수한 사법기관이라기보다는 무릇 정치적인 사안을 대상으로 삼는 정치적政治的 사법기관으로서의 성격을 가진다. 또한 헌법재판소는 기본권의 수호자일 뿐만 아니라, 국가권력의 통제기관이기도 하다. 특히 1951년에 창설된 독일연방헌법재판소는 질곡桎梏의 과거사 청산과 전후戰後의 새로운 헌정사 수립에 중요한 기틀을 마련하여 왔으며, 시민의 기본권보장의 최후의 보루堡壘로서 결정적인 역할을 수행하여 왔다. 무엇보다 중요한 사실은 독일연방헌법재판소가 한국의 헌법재판소에 직·간접적으로 많은 영향을 주고 있다는 것이다. 헌법재판소 실무에 있어서도 독일헌법재판소의 판결과 이론은 당면한 문제해결에 중요한 준거準據가 되고 있다. 따라서 독일연방헌법재판소에 대한 이해는 우리의 현실을 투시透視할 수 있는 좋은 기회를 제공할 수 있다. 그러한 의미에서 외국법의 단순한 이식移植이나 무분별한 도용盜用이 아니라, 객관적이고 비판적인 시각에서 외국법을 정확히 고찰하고, 나아가 우리의 법현실法現實에 맞는 고유하고 독창적인 법문화法文化를 창출해 나가는 것이 앞으로의 중요한 과제라고 생각한다.

무릇 번역서飜譯書를 낸다는 것은 두려움이 앞선다. 왜냐하면 양국兩國의 문화를 충분히 이해하고 저자의 진의眞意를 정확히 파악하여 이를 제대로 전달하는 것이 쉽지 않다는 것을 짧은 유학생활을 통해 절감하였기 때문이다. 그러나 역자는 이러한 부수적인 두려움을 뒤로한 채, 이 단행본을 소개함으로써 법학을 전공하는 독자들뿐만 아니라 헌법재판소에 관심을 가지는 일반시민들에게도 헌법 이해의 지평을 넓히는 데 조그만 기여를 하고 싶다.

또한 역자는 비록 짧은 기간 동안이지만 헌법재판소 헌법연구원으로 근무하면서 독일헌법연구회와 독일어강독모임 등에서 보여 준 헌법연구관들의 열의와 진지함을 잊을 수 없다. 특히 독일어강독모임을 통해 많은 조언助言을 아끼지 않으셨던 최희수 박사님, 윤영미 전前 연구관님(현現 한양대 법대 교수)을 비롯한 많은 연구관님들에게도 이 자리를 빌려 깊은 감사의 말씀을 드린다. 그리고 바쁜 일정과 어려운 사정에도 불구하고 흔쾌히 출판을 허락해 주신 고려대학교출판부 관계자 여러분에게도 진심으로 사의謝意를 표한다. 더불어 한국 독자를 위한 서문을 선뜻 써 주신 저자 림바흐 교수님과 출판지원을 해 준 독일문화원Goethe-Institut의 관계자에게도 감사를 드린다. 마지막으로 번역원고를 꼼꼼히 읽고 교정과 충고를 해 준 사랑하는 아내에게도 고맙다는 말을 전하고 싶다.

숙명여자대학교 법과대학 연구실에서

2007년 2월, 譯者 識

한국어판 독자를 위한 저자 서문

연방헌법재판소는 외부관찰자의 판단에 의하면 독일헌법시스템에서 매우 독창적이고 흥미 있는 기관이다. 연방헌법재판소의 성공사成功史에 의해 그 유일성은 상실되었고, 많은 국가들이 이러한 헌법재판의 모델을 채택하고 있다. 한국韓國, 남아프리카공화국, 헝가리뿐만 아니라, 일련의 다른 민주국가들은 ― 대체로 독일의 모델에 유사하게 ― 헌법재판소를 가지고 있다. 특히 독재를 체험한 국가들은 헌법만이 헌법재판과 마찬가지로 매우 중요하다는 경험적 지식에 따라 행동한다.

연방헌법재판소는 단지 최상위의 독일법원일 뿐만 아니라, 연방대통령, 연방의회, 연방정부 및 연방참사원과 더불어 제5의 최고 국가기관 중의 하나이기도 하다. 연방헌법재판소는 그 아래에 어떠한 국가권력도 종속되어 있지 않고, 또 다른 어떠한 행정기관도 기속되어 있지 않으며, 단지 헌법, 즉 기본법에 의무를 지고 있을 뿐이다. 한국의 헌법재판소와 마찬가지로 독일헌법재판소도 헌법문제에 관한 전문법원이다. 국가의 모든 심급審級과 법원은 헌법을 존중하고 기본권을 보호하나, 연방헌법재판소는 기본법의 해석과 적용에 관한 모든 문제에서 최종심最終審이다.

연방헌법재판소는 법률이 헌법과 일치하는지의 여부를 심사할 뿐만 아니라, 나아가 독일의 모든 거주자(주민)에게 그들의 기본권침해에 대한 필요한 방어(보호)를 보장하고 있다. 특히 자유권 및 사법적司法的기본권에 대한 판례를 통해 연방헌법재판소는 법치국가원리의 윤곽을, 그리고 시민과 공복公僕의 법적 의미를 분명히 하였다.

2001년 독일에서 이 저서의 출판 이래 테러행위를 방지하기 위해 제정된 법률에 대한 헌법재판소의 통제는 호황好況을 누리고 있다. 테러리즘은 2001년 9월 11일 수없이 많은 인명피해와 함께 새로운 단계에 다다랐다. 독일연방공화국은 다수의 다른 국가처럼 또한 잠재적 테러리스트를 가능한 한 조기에 차단하는 것을 목적으로 하는 엄한 법률을 제정하고 또 조치를 취하고 있다. 따라서 연방헌법재판소는 되풀이해서 집단의 안전과 개인의 자유 사이의 긴장관계를 조정하고 있다.

최근 연방헌법재판소는 일련의 결정에서 테러리스트의 공격과 조직범죄행위에 대해 필요한 예방조치가 범죄혐의자를 다룸에 있어서 기본권보호의 기준을 낮추는 결과를 초래해서는 안 된다는 점을 분명히 하고 있다. 주거공간의 도청盜聽, 소위 "대규모의 도청활동Große Lauschangriff" 및 예방적 전화감청電話監聽에 대한 판결이 예시例示된다.

첫 번째 언급되는 심판절차審判節次[1]의 쟁점은 범죄수사의 목적을 위한 주거공간의 도청을 허용하는 기본법의 변경과 이러한 수권授權을 구체적으로 형사소송법으로 이전하는 것이다. 2004년 3월 3일자 판결에서 연방헌법재판소는 기본법의 변경이 위헌이 아니라고 결정하였다. 즉 주거공간의 도청이 시민의 사적영

---

1 BVerfG, Urteil des Ersten Senats vom 3. 3. 2004 : BVerfGE 109, 279 참조.

역을 침해해서는 안 되지만, 형법집행의 효율성과 진실추구를 위해서 행해져서도 안 된다고 하였다. 모든 사람은 자신의 사적 주거공간을 평온히 하고, 국가기관이 자신의 인격발현을 감시한다는 두려움 속에 생활하지 않는, 인간의 존엄에 상응하는 권리를 가진다고 판시하였다. 따라서 피의자가 단지 가장 긴밀한 가족의 범주 내에서 또는 긴밀히 신뢰할 수 있는 다른 사람과 함께 그 집에 머무르고, 그들의 범죄행위에 참여하지 않았다면, 그 감시는 배제되어야 한다고 하였다. 위법하게 수집한 정보는 사용되어서는 아니 된다. 나아가 연방헌법재판소는 단지 조사를 위한 헌법의 지침에 따른 감시가 실행된 범죄행위의 개별사례에서 특히 중요하게 여겨지며, 절차법적으로 법관의 참여하에 안전조치가 취해져야 한다고 강조하였다. 개정된 다수의 형사소송법규정은 이러한 요건에 맞지 않으며, 따라서 위헌이라고 결정하였다.

두 번째 결정決定은[2] 사인私人으로서 통신비밀이 침해되었다고 주장하는 법관의 헌법소원사건이었다. 쟁점사항은 범죄행위의

2 BVerfG, Urteil des Ersten Senats vom 27. 7. 2005 : BVerfGE 113, 348 참조.

순찰을 준비하는 동안의 경찰의 권한이었다. 니더작센 주州의 주 의회는 경찰에게 범죄예방의 목적으로 전화내용을 도청하는 것을 수권授權하였다. 연방헌법재판소는 2005년 7월 당해 법률규정은 주입법자의 권한을 유월踰越하였을 뿐만 아니라, 통신 비밀에 대한 중대한 침해를 정당화하기에는 너무 포괄적이며 불확정적이라고 결정하였다.

세 번째 결정決定[3]은 「항공안전에 관한 법률」, 즉 9.11 테러공격이 직접적으로 표현된 시나리오와 관련이 있다. 위 「항공안전에 관한 법률」은 인간의 생명을 대가로 투입되어야 하는 군병력에게 피랍被拉 항공기를 차단시킬 권한을 부여하였다. 연방헌법재판소는 무력사용이 그 행위에 참여하지 않은 항공기 탑승객과 관계되는 한, 이러한 법률규정이 생명권과 합치되지 않는다고 결정하였다. 인간존엄의 보장과 관련하여 그와 같이 무력한 상태에 있는 무고無辜한 사람들을 고의적으로 살해하는 것을 수권授權하는 법률을 상상할 수 없다. 국가가 타인을 구조하는 수단으로 살해殺害를 이용함으로써 이들은 단순히 객체客體로서 다루어질

3 BVerfG, Urteil des Ersten Senats vom 16. 2. 2006 : BVerfGE 114(면수는 미정).

수 있다. 그럼에도 불구하고 항공기 승객의 생명을 테러공격의 잠재적 희생자의 생명에 대해 계상計上하는 것은 허용될 수 없다고 하였다. 따라서 몇몇 변호사辯護士와 기장機長의 헌법소원은 인용認容되었다.

「항공안전에 관한 법률」은 그 이전에 언급된 법률상의 위험방지조치보다 더 격앙된 공중公衆의 논쟁을 야기하였다. 연방헌법재판소의 이러한 세 가지 결정들은 긴장상태를 크게 불러일으켰고, 테러리스트의 위협 시에도 사적 영역의 보호와 마찬가지로 인간존엄人間尊嚴의 불가침에 대한 신봉信奉을 강조하였다.

1994년에서 2002년까지 소장으로 근무했던 연방헌법재판소에 관한 이 소책자가 한국어로 출간된다니 개인적으로 매우 기쁘다. 이는 한국과 독일의 헌법재판소 재판관들이 거의 20년 전부터 서로 나눠 온 결실 있는 대화對話가 앞으로도 이어지는 기회를 제공할 것이다. 또한 이 저서는 많은 대중에게 독일의 정치적 문화에 있어서 매우 인상적인 제도인 연방헌법재판소의 구조와 작용방식을 알려 줄 수 있을 것이다.

교수직의 바쁜 일정에도 불구하고 번역의 수고를 아끼지 않은 정남철鄭南哲 교수에게도 진심으로 감사를 드린다. 이러한 매개적인 활동은 양국兩國의 재판관과 법학교수 사이의 고무된 그리고 고무되는 협력을 웅변雄辯으로 증명하고 있다.

전前 독일연방헌법재판소장
유타 림바흐

차례

역자 서문 5

한국어판 독자를 위한 저자 서문 9

Ⅰ. 머리말 21

Ⅱ. 연방헌법재판소의 연혁 26

Ⅲ. 연방헌법재판소의 지위 및 조직 40

Ⅳ. 헌법의 해석 51

Ⅴ. 헌법소원 64

Ⅵ. 규범통제 83

Ⅶ. 기관쟁송 96

Ⅷ. 위헌정당금지 101

Ⅸ. 판례의 수용 106

Ⅹ. 유럽에서의 기본권보호 117

Ⅺ. 연방헌법재판소의 미래 134

참고문헌 141

Ⅰ. 머리말

연방헌법재판소는 공권력의 상호작용에 있어 유일무이唯一無二의 권력을 행사하고 있다. 연방헌법재판소는 의회를 헌법의 한계에 두고, 법률이 헌법과 일치하지 않는 경우에 무효를 선언할 수 있다. 연방헌법재판소는 헌법과 일치하지 않는 법원의 판결과 행정부의 조치措置를 폐기할 수 있다. 연방헌법재판소는 정당政黨의 위헌에 대하여 결정할 수 있고, 재직 중인 연방대통령이 고의로 기본법을 위반한 경우에 그를 파면시킬 수 있다. 또한 연방헌법재판소는 헌법기관 또는 연방과 주州 사이의 권한쟁의가 있는 경우 중재심판관으로서 소명召命될 수 있고, 국가기관의 권력분립의 상호협력이 제대로 기능하는 것을 보장할 수도 있다.

연방헌법재판소는 창립 후 50년 동안 헌법 이해의 토양을 쌓았다. 연방헌법재판소는 기본법에 관심과 존경을 쌓아 왔다. 특히 기본권에 관한 연방헌법재판소의 판례는 독일기본법이 구체적인 내용을 형성하고 독일의 정치문화에서 뿌리를 내리는 데 영향을 주었다. 사법적 기본권보호는 시민이 국가의 권리침해에 무방비無防備로 방치되지 않는다는 것을 자각하게 했다. 이미 연방헌법재판소는 창립 초기에 — 재판소에 대한 질책과 종종 모욕적인 비판에도 동요되지 않고 — 기본법상의 한계에 관한 정치적 운용을 가르쳐 주었다. 이러한 헌법재판과의 최초의 갈등에 이르러서야 비로소, 몇몇 정치인들은 연방헌법재판소에 어떠한 권위를 넘겨 줄 수 있는지를 명백히 파악하였다. 독일기본법의 국부國父 중 한 사람인 아데나워Adenauer는 재무장再武裝에 대한 논쟁에서 연방헌법재판소의 대안을 호소하면서 다음과 같이 논평하였다. "우리는 그것을 도대체 상상도 할 수 없다." 그리고 비록— 혹은 바로 지금 — 이후의 연방수상이 연방헌법재판소의 몇몇 결정에 극도로 불만족스러워함에도 불구하고, 점차 통제와 정치결정의 상호교류가 기본법상의 권력분립을 특징짓고 있다는 인식이 관철되었다.

사법司法과 정치의 경계는 이후 수십 년 동안 여전히 헌법재판을 따라다니는 테마로서 남아 있었다. 법원이 정치를 너무 옥죄거나 정치가 법원에게 너무 많은 임무를 슬며시 떠넘기는지 여부의 문제는 오늘날까지 헌법재판의 활동성을 약화시키지 못하였다. 자유주의적·법치국가적 민주주의에서도 권위는 여전히 문제가 되었고, 거기에는 또한 항상 권위가 정주定住하고 있다. 권력의 한계에 대한 갈등은 생동하는 민주적 국체國體에서 사전에 프로그램화되어 있는 것이다. 또한 그러한 갈등은 바람직한 것이기도 하다. 왜냐하면 국가기관의 경계에 관한 갈등이 자유민주주의적 법치국가에 위협이 되는 위험의 관점만을 부각시키지는 않기 때문이다. 그러한 갈등에서 나오는 공개논쟁은 기본권과 통제로 제어된 공권력의 사고를 항상 다시 한 번 강조하고 있다.

연방헌법재판소의 결정에는 국가사회주의國家社會主義Nationalsozialismus의 포기, 냉전, 재무장, 신新동방정책, 테러리즘, 재再통일 그리고 유럽경제 및 화폐공동체의 가입 등과 같은 독일연방공화국 역사의 위기, 갈등 및 전환점 등이 반영되어 있다. 50년 동안의 법조실무에 있어 인간적으로 가장 어렵고 비극적인 결정은 확실히 1977년 10월 16일의 슐라이어Schleyer 결정이었다. 이 결정에서 연방헌법재판소는 최고경영자총연합회 회장을 납치한 자의 요구에 따라 피랍인被拉人의 목숨을 구하기 위해 체포된 테러리스트의 석방을 관할 국가기관에 요구하는 한스 마르틴 슐라이어 Hanns-Martin Schleyer의 아들의 신청을 기각하였다. 그 국가기관, 즉 연방헌법재판소가 자신의 책임 아래에서 해당 개별사건의 상황과 관련하여 어떻게 그 생명을 효과적으로 보호할지를 결정할 수 있어야만 하였다. 기본법은 개인뿐만 아니라 시민전체에 대하여 그 보호의무保護義務Schutzpflicht를 규정하고 있다. 헌법으로 말미암아 국가기관이 특정한 수단에 얽매여 있지는 않을 것이다. 만약에 얽매여 있다면 테러리스트에 대한 국가의 대응을 처음부터 예상하고 있어야 했기 때문이다.

연방헌법재판소는 다행스럽게도 그 비판으로부터 큰 피해를 입지는 않았다. 연방헌법재판소가 객관성이 결여된 재판소에 대한 질책, 여론의 압력 또는 제도에 대한 공격과 조우해야 되었지만, 그 관대하지 않은 비평가들은 대부분 동시에 그의 결정적인 비호자庇護者들이기도 하다. 연방헌법재판소는 그의 지적인 권위를 학문과 일반여론과의 대화의 덕분으로 생각한다. 비록 기본법과 그 제도에 대한 시민의 관계가 일견 특별한 사랑이 존재하지 않는 것 같다고 하여도, 그 특별한 존경은 시민의 신뢰에서 비롯된다. 점차적으로 얻게 된 정치제도에 대한 만족은 또한 연방헌법재판소의 소득이기도 하다. 왜냐하면 연방헌법재판소는 기본법의 우위가 정치일상에서 유지되도록 하는 데 기여해 왔기 때문이다. 거기에는 롤프 람프레히트Rolf Lamprecht(독일의 작가, 사법비평가, 《슈피겔》지 법조기자 — 옮긴이)가 적절히 지적한 바와 같이, "시민들에 의해 소명召命되고 호감을 얻어, 독일연방공화국의 성공사成功史의 중요한 장章을 함께 써 온" 헌법재판관들의 세대가 있었다.

II. 연방헌법재판소의 연혁

1. 법法의 관저官邸에서의 서막序幕

연방헌법재판소는 1951년 9월 28일 한 축제행사에서 창설되었다. 초대 연방대통령 테오도르 호이스Theodor Heuss, 연방수상 콘라트 아데나워Konrad Adenauer 그리고 뷔르템베르크 바덴Württemberg-Baden 주州의 주지사 라인홀트 마이어Reinhold Maier는 국가사회주의의 전제적專制的 지배를 배경으로 하여, 이러한 새로운 종류의 재판의 역사적 사명을 강조하였다. 이러한 새로운 재판은 "정치권력이 어느 날 다시 남용될 수 있는" 것으로부터 독일연방공화국을 보호해야 한다고 하였다. 아데나워에 따르면 "독일국민에게 권리가 국민과 인간사회의 유일하게 지속적이며 결정적인 기초를 제시한다는 확신을 다시 환기시키는 것"이 연방헌법재판소의 특별한 임무이어야 한다고 하였다. 테오도르 호이스는 독일기본법에 있어서 인권과 인간의 존엄에 대한 고백告白은 "단순한 감상적인 미사여구美辭麗句"가 아니라고 하였다. 이것은 오히려 "고통과 치욕恥辱을 경험한 국민의 개별적인 삶의 욕구"를 표현하고 있는 것이다.

초대 연방헌법재판소장의 취임식사의 핵심은 연방헌법재판소의 임무와 직업윤리였다. 헤르만 횝커 아쇼프Hermann Höpker-Aschoff는 재판관들이 이후 수십 년 동안 계속해서 몰두해야 할 문제들을 예견하여 언급하였다. 재판관들은 이미 그들이 직면해야 될 것을 미리 가볍게 체험하기도 하였다. 왜냐하면 그들은 1951년 9월 8일 업무를 시작한 나음 날 새로이 편입된 남서독南西獨의 영토에 대한 논쟁에서 이미 동년 9월 16일로 확정된 국민투표를 연기하는 가처분假處分을 발급하였기 때문이다. 그 국민투표는 일반시민들에게 논란이 되어 연방헌법재판소의 심판대상이 된 법률에 근거해서 이루어진 것이 아니라고 보았다.

헤르만 횝커 아쇼프는 자신의 연설에서 정치적 권력투쟁이 판결을 통해 결정될 수 있다는 오해誤解에 대해 경고하였다. 입법자를 조롱하지 않으려는, 그의 경고는 재판부에 보내졌다. 헤르만 횝커 아쇼프는 이미 인정된 헌법소원의 확대와 관련하여 실망해서는 안 될 것이라고 예언하였다. 왜냐하면 이미 그 당시에 ― 오늘날도 그러하지만 ― 자신의 기본권이 침해당하였다고 믿는 사람들뿐만 아니라, "긴급한 구호나 자선 또는 은총恩寵을 필요로 하는 사람들"이 연방헌법재판소에 문의를 했기 때문이다. 이에 대해 휩커 아쇼프의 지적처럼 연방헌법재판소는 기본권의 수호자이지, 더 높은 정의를 위해 마련된 최종심最終審으로서 고안된 것이 아님을 항상 명백히 해야 할 것이다.

그 축제행사의 장소는 카를스루에Karlsruhe 시市였다. 이 도시都市는 이후에 이미 설치된 연방통상법원Bundesgerichtshof 외에 연방헌법재판소에게도 자리를 내어 주었다. 남서독의 한 주州인 바덴뷔르템베르크가 성립된 이후 사실 카를스루에는 그 주의 수도首都 자리를 잃었다. 그럼에도 불구하고 이 도시는 법의 관저官邸Residenz der Rechts라는 명예칭호를 얻었다. 세월이 흐르는 동안 이곳은 시대를 초월한 법치국가헌법의 피난처避難處로서의 의미가 커져 갔다. "카를스루에로 가는 길Gang nach Karlsruhe"이라는 표현은 정치적 수사修辭에 해당할 뿐만 아니라, 카를스루에라는 그 도시의 이름에는 국가의 권리침해에 대하여 이를 방어하는 시민에게 기본권보호를 약속한다는 상징적 내용도 담겨 있다.

2. 전통 없는 제도

독일기본법의 첫 장章에 있는 기본권과 특히 인간존엄권의 불가침선언은 인간 경멸적인 국가사회주의 정권에 대한 응답이었다. 권력을 장악한 국가사회주의에 대항할 어떤 것도 의식하지 않았던 바이마르공화국의 경험과 관련하여 헌법제정의회Parlamentarische Rat는 민주주의의 직敵에 대한 방어가능성을 모색하였다. 바이마르공화국의 좌절과 그에 이은 독재정권은 의원들에게 사법적으로 실현가능한 인권 및 시민권 없이는 민주주의가 유지될 수 없다는 교훈을 주었다. 사실 바이마르제국헌법은 이미 시민권의 내용을 알고 있었지만, "독일국민의 기본권과 기본의무"라는 포괄적인 카탈로그는 그 당시 유일한 것이었다. 그럼에도 불구하고 이것은 계속해서 법률제정을 고대하는 프로그램규정으로만 이해되었다. 이에 반해 기본권은 헌법의 장신구와 단순한 지침일 뿐만 아니라, 시민들이 이에 근거해서 소訴를 제기할 수 있는 직접 적용가능한 권리이기도 하였다. 헌법제정의회는 나아가 모든 국가권력을 — 사법司法뿐만 아니라 행정 그리고 입법까지도 — 기본권에 기속시켰다(독일기본법 제1조 제3항). 이것은 헌법제정의회의 고유한 업적으로 여겨진다. 이러한 헌법 우위의 사고에서 연방헌법재판소는 태동胎動하였다. 왜냐하면 연방헌법재판소는 법률, 판례 그리고 집행작용이 기본법과 일치하는지 여부를 어떻게 통제해야 하는가라고 하는 문제에 해답을 주어야 했기 때문이다.

헌법재판은 민주적 헌법에 필요한 요소가 아니다. 예컨대 네덜란드 또는 스칸디나비아제국 등과 같이 헌법재판을 알지 못하는 민주주의도 다소 있다. 헌법재판 제도를 찬성하거나 반대하는 결정은 법문화의 문제가 아니라 오히려 역사적 경험의 문제이다. 1776년 6월 12일의 버지니아Virginia 권리장전 이후 역사는 기본권 카탈로그를 가진 성문헌법이 거의 의회나 독재 권력과 좋지 않은 경험을 한 정치공동체에서 형성된다는 것을 가르쳐 주었다. 입법자대표회의와의 협의 없이 되풀이해서 식민지의 소비재에 대해 과세를 부과하려는 영국의회의 시도로 말미암아 모국母國에 대한 북아메리카식민지의 혁명봉기革命蜂起가 촉발되었음을 사람들은 똑똑히 기억하고 있다. 제2차 대전 후, 그리고 이로 인한 철의 장막 사건 이후 유럽에서의 기본권 카탈로그와 헌법재판을 가진 성문헌법의 확산은 독재적이고 전제적인 통치체계에 대한 응답이었다.

성공적으로 끝이 난 독립전쟁이나 독재의 몰락 후와 같은 상황하에서는 정당한 국가권력을 새로이 창출하여야만 하였다. 왜냐하면 혁명적 봉기는 원칙적으로 국가권력의 한계문제에 대한 고려를 촉구하였기 때문이다. 디이터 그림Dieter Grimm(전 연방헌법재판소 헌법재판관 — 옮긴이)은 이러한 고찰과 관련하여 혁명적 봉기와 현대헌법의 관계에 대한 논문을 썼다. 물론 영국에서와 같이 시민계급이 전통적인 지배형식의 틀에서 혁명적 봉기 없이 그 목적을 달성하려고 하였던 곳에서는 급진적으로 헌법을 경신할 필요가 없었다. 사회적 변천과 법의 개혁은 단계적으로 국가현실에서 실현되었다. 물론 최근의 발전 동향을 보면 영국도 더 이상 성문의 인권 및 시민권목록이 없이는 안 된다는 것을 보여주고 있다. 이와 관련하여 2000년에는 유럽인권협약Europäische Menschenrechtskonvention이 독일국내법에 도입된 바 있다. 소송의 제기가 가능한 기본권과 사법적 규범통제를 통해 깊은 영향을 받은 입헌국가立憲國家는 명백히 비非혁명적인 조건하에서 그 개선행렬을 계속하고 있다.

알프레드 그로서Alfred Grosser는 연방헌법재판소를 의심의 여지없이 시원적이고 흥미 있는 독일헌법시스템상의 제도라고 표현하였다. 재판소의 임무의 범위나 조직형태와 관련해서 현실의 모델은 존재하지 않았다. 그 중요한 원천은 알려진 바와 같이 전혀 효력을 발하지 않았던 파울스키르헤 헌법Paulskirchenverfassung에서 찾을 수 있다. 이 헌법은 독일전체국가에 있어 체계적으로 완결된 최초의 헌법이다. 여기에는 국가질서를 포괄적으로 규율하고 기본권을 명시하여 통일적으로 파악하고 있다. 이 헌법에는 헌법소원뿐만 아니라 헌법재판의 흔적痕迹을 찾을 수 있다. 제국법원Reichsgericht은 예컨대 헌법기관 사이의 권한쟁의, 즉 제국정부와 독일의 개별 지국支國 사이의 권한쟁의에 대하여 결정하여야 하였다. 하지만 또 모든 국민은 제국헌법이 보장한 그들의 권리침해를 이유로 제국법원에 소를 제기할 수 있다는 것을 규정하고 있었다. 이러한 이례적인 개인의 권리구제수단은 그 당시에 주목할 만한 가치가 있는 헌법의 신선함이었다. 사실 포괄적인 기본권보호가 의도된 것이었는지, 오늘날 우리의 헌법질서가 그 포괄적 기본권보호를 어떻게 알았는지는 파울스키르헤의 대표들 사이에서, 그리고 오늘날 학자들 사이에서도 논란이 있다. 잠정적이나마 기본권이 유효하였음에도 불구하고 새로운 종류의 사법적 보호를 시험할 수 있는 기회를 방치한 채 내버려 두고 있었기 때문에, 거기에 대해 추론하는 것은 지나친 것이다. 왜냐하면 제국법원의 설치와 구성 및 개인의 헌법소송의 요건에 대한 시행법률은 파울스키르헤 헌법의 좌절로 더 이상 효력을 발하지 않았기 때문이다.

비록 연방헌법재판소가 종전 헌법재판소 즉 제국최고법원 Reichskammergericht과 바이마르공화국의 국사재판소國事裁判所Staatsgerichtshof와 비견될지라도, 이는 그 핵심에 있어서 전혀 새로운 종류의 헌법재판소이다. 이것은 또한 가장 오래된 유럽의 헌법재판소, 즉 대략 80년 넘게 존속하고 있는 오스트리아 헌법재판소에 비교하여서도 마찬가지이다. 특히 오스트리아 헌법재판소의 권한은 폭넓은 연방헌법재판소의 임무목록보다 덜 포괄적이었고 여전히 그러하다. 이러한 임무목록은 미연방대법원의 헌법적 통제가능성을 능가한다. 사람들은 위헌정당의 금지가능성은 기억하고 있나. 헌법의 수호자로서 인용되는 미연방대법원은 독일 기본법의 제정에 영향을 주었다. 왜냐하면 미연방대법원은 처음으로 헌법의 척도에 따라 법률과 집행부의 조치를 심사하였기 때문이다. 그러나 미연방대법원의 권한은 독일연방헌법재판소와 달리 헌법문제에만 국한되지 않는다. 동시에 미연방대법원은 법질서의 통일을 고려하고 있는 미합중국의 최고법원이다.

헌법제정의회에서는 우선 통일된 연방상급법원과 헌법문제에 관한 특별법원 가운데 어떤 법원이 헌법재판권을 행사해야 하는지를 놓고 논란을 벌였다. 결국 헌법제정의회는 독자적인 의미에서의 연방헌법재판소를 두기로 결정하였다. 몇 가지 까닭에서 그렇게 결정했는데 이론적인 성질 때문이라기보다는 오히려 실용적인 이유에서였다. 사람들은 전체 사법을 하나의 정점에 모은다면 강제로 초대형超大型법원을 만드는 것이 아닐까 우려하였다. 또 한편으로 사람들은 연방상급법원의 소재지를 가진 여러 주州들을 기쁘게 할 수 있다면, 주州의 "연방친화성聯邦親和性 Bundesfreudigkeit"을 제고할 수 있을 것이라고 기대하기도 하였다. 따라서 카를스루에Karlsruhe 이외에 베를린Berlin(현재는 라이프치히), 에어푸르트Erfurt, 카셀Kassel 그리고 뮌헨München도 연방최고법원의 소재지들이다.

독자적인 헌법재판에 중요한 것은 결국 결정할 수 있는 헌법문제의 종류 및 여기에서 도출되는 법관선발의 방식이었다. 헌법재판에 위임되어 있는 위헌정당해산심판은 법원의 판결행위가 정치적 역점을 두고 있다는 논제에 대한 전형적 사례였다. 예견된 바와 같이 정당은 법관선출에 참견하려고 하였다. 따라서 연방헌법재판소의 임무가 대체로 정치적 성질을 띠게 되며 연방헌법재판소의 결정들이 중요한 정치적 영향을 가질 것이라는 예견은, 헌법제정의회로 하여금 헌법재판과 연방최고법원을 단일한 기관에 통합시키지 않도록 하였다. "사법司法"의 장章을 열어 놓은 독일기본법의 조항에서, 연방헌법재판소는 제일 먼저 언급되고 있다. 이러한 방식으로 헌법제정의회는 "정치적으로 강조되는 법원"으로서 연방헌법재판소에 최고의 "위엄威嚴"이 부여된다는 것을 명백히 하려고 하였다.

연방헌법재판소는 그의 존속 50년 동안에 이러한 위치를 성공적으로 주장하여 왔고, 이러한 헌법재판의 모델을 국제적으로 관철시키는 데 기여하여 왔다. 왜냐하면 이러한 헌법법원에 의한 통제기관은 유럽뿐만 아니라 전全 세계적으로 민주적 통치체제의 중요한 요소가 되어 왔기 때문이다. 헌법재판소는 한국, 몽골, 남아공 및 아프리카의 많은 국가들 그리고 중남미국가들에서도 창설되었나. 또한 동유럽에서의 정치적 대변혁은 많은 헌법재판소를 탄생시켰다. 이러한 헌법재판소의 설치는 종종 정치적 개혁으로 시작되기도 하였다. 이러한 정치개혁은 부분적으로 이미 전환하는 과정 동안에 완성 중인 자유민주주의적 법질서를 보장하는 기능을 하였다. 이것은 특히 — 여전히 사회주의가 실제 존재하던 시기였던 — 1986년에 이미 활동을 시작한 폴란드 헌법재판소에도 적용된다.

3. 연방헌법재판소의 권위

연방헌법재판소는 이후에 설립된 다른 나라의 헌법재판소들과 많은 유사성을 가지고 있음에도 불구하고, 국제적으로 여전히 큰 권한이 부여되어 있다. 바이마르공화국의 실패로부터 배우려는 노력을 통해서, 독일기본법의 창조자는 연방헌법재판소에 다양한 임무를 부여하였다. 이 경우 헌법제정의회에서는 바이마르공화국이 어디에 기초하고 있었는지 하는 문제에 대하여 결코 일치된 해답을 주지 못했다. 이러한 좌절의 원인은 다양하였기 때문에, 확실히 바이마르헌법의 구조적 결함에만 그 원인을 돌릴 수는 없었다. 자유민주주의는 또한 거기에 담겨진 시민들의 합의Konsens와 충성스러운 헌법의 적용자가 계속해서 없었기 때문에 생명력을 잃었던 것은 아니다. 의회주의적 정부형태에 대한 공무원과 법관의 불일치하고 종종 서로 적대적인 입장은 그러한 이유에서 되풀이해서 헌법제정의회의 비판적 고찰의 대상이 되었다. 따라서 의원 중의 한 사람은 미래를 위해 민주주의의 윤활유潤滑油를 가진 재판관을 소망하였다.

그 헌법이 바이마르 민주주의의 몰락에 한몫을 거들기는 하였으나, 그 실패는 또한 기본법 제정자들의 상상력에 자극을 주기도 하였다. 독일기본법은 제93조와 다른 조항에서 자유적이고 권력분립적인 민주주의의 보호를 위해 연방헌법재판소에 제소할 수 있는 다수의 사례들을 언급하고 있다. 다음의 세 가지 중요한 절차유형이 강조된다.

1) 독일연방공화국에서 법률, 행정처분 또는 법원의 결정을 통해 자신의 기본권이나 헌법상의 권리를 침해당하였다고 여기는 모든 국민은 헌법소원憲法訴願을 제기할 수 있다. 이 경우 모든 권리구제수단이 강구되어졌음을 전제로 한다(독일기본법 제93조 제1항 제4a호, 독일헌법재판소법 제90조 제2항).

2) 법원이 위헌법률違憲法律이라 여기는 경우에는 언제나 연방헌법재판소에 그 결정을 구하여야 한다. 물론 법적 분쟁에 대한 결정을 위해 위헌의 의심이 있는 규범의 효력이 문제되는 것을 조건으로 한다(기본법 제100조 제1항 제1문). 하지만 또한 구체적인 권리문제를 분리해서 정부나 – 연방정부이든 지방정부이든 – 또는 연방의회 의원의 1/3이 규범통제規範統制를 신청할 수 있다. 예컨대 1992년 연방의회 의원의 1/3이 개혁 낙태형벌을 연방헌법재판소의 심판대 위에 올려놓은 경우가 그러하다.

3) 국가기관國家機關 사이에 — 연방 차원이든 주州 차원이든 — 그 권리 및 의무에 대하여 의견대립이 있는 경우에, 각 기관은 연방헌법재판소에 제소提訴할 수 있다(기본법 제93조 제1항 1, 3호). 이 경우에는 거의 국가기관 사이의 권한쟁의權限爭議가 문제된다. 연방헌법재판소는 이러한 다툼과 관련하여 권력을 구성하고 있는 헌법기관 간의 상호작용이 제대로 기능하도록 노력한다.

나아가 연방헌법재판소는 정당政黨이 위헌임을 선언할 수 있고(기본법 제21조 제2항), 고의적으로 기본법을 침해한 경우 현직 연방대통령을 파면시키거나(기본법 제61조), 또한 해당 법관을 해임할 수 있다(기본법 제98조 제2항). 사실 연방헌법재판소는 초창기에 두 개의 정당을 위헌이라고 결정한 바 있다. 그러나 여태까지 연방대통령이나 법관에 대한 파면절차는 실현된 적이 없다.

이러한 일부 임무의 열거는 권력분립적인 헌법효력의 상호작용에 있어서 연방헌법재판소의 권위를 의미한다. 연방헌법재판소를 하나의 정치적 권력요소로 성격을 지운다면, 선동적으로 들릴 수 있다. 그럼에도 불구하고 단지 법적인 추론推論은 그러한 정치적 권력요소의 개념으로 갈 것이다. 왜냐하면 연방헌법재판소는 기본법의 척도에 따라 법을 선언하기 때문이다. 연방헌법재판소는 정치공동체政治共同體의 헌법을 해석하고 적용하는 것을 통해 정치영역에 개입한다. 정당의 재정, 주州 사이의 재정상의 조정 및 자녀수당의 조정에 대한 결정들은 연방헌법재판소의 현실정치에 대한 영향력을 예시적으로 분명히 보여 주고 있다. 집행부와 입법부 사이의 권한분쟁을 결정하고, 위헌인 규범을 폐지하거나 위헌정당을 해산할 수 있는 연방헌법재판소는 규제의 방식으로 국가의 정치적 생활 질서 속으로 파고들고 있다. 아돌프 아른트Adolf Arndt가 적절히 지적한 바와 같이 권력의 통제를 위해서는 그 자신의 권력이 필요하다.

III. 연방헌법재판소의 지위 및 조직

1. 헌법기관으로서의 지위

정치작용에 대한 영향에도 불구하고 연방헌법재판소는 입법, 행정 및 사법司法이라는 권력분립의 3부 이외에 추가되는 제4의 권력기관權力機關은 아니다. 연방헌법재판소는 정치적 조정도구가 아닌 하나의 통제심급이다. 연방헌법재판소도 원래 법원이므로 스스로 능동적이지 못함을 그 특징으로 한다. 연방헌법재판소는 기본법의 척도에 따라 법을 선언할 뿐이다. 따라서 연방헌법재판소가 그 밖의 다른 법원과 비교하여 특별한 지위를 가진다 하더라도 제3의 권력기관(사법 — 옮긴이)의 일부이다. 왜냐하면 연방헌법재판소는 기타 헌법기관에 대하여 독자적이고 독립적인 연방의 재판소일 뿐이기 때문이다. 연방헌법재판소는 — 연방공화국의 다른 연방최고법원과 달리 — 연방법무성聯邦法務省의 사무영역이나 그 밖의 다른 어떤 부서에도 속하지 아니한다. 연방헌법재판소는 — 행정각부에 대한 직무상의 계통과 상관없이 — 다른 헌법기관, 즉 연방대통령, 연방의회, 연방참사원聯邦參事院 또는 연방정부 등과 직접 접촉을 한다. 연방헌법재판소는 그 자체 헌법기관이며 그에 따라 자신의 예산을 편성·집행한다. 연방헌법재판소의 재판관들은 누구의 근무감독 혹은 연방헌법재판소장의 지배하에 있지 않다. 이들은 동료同僚 중의 제1인자Primus inter Pares이며, 또한 가부동수可否同數가 아닌 경우에도 결정적인 한 표를 가진다. 연방헌법재판소에 있어서는 표현 그대로 8인의 권력이 작용하고 있다.

연방헌법재판소는 기본법의 해석·적용의 모든 문제에 있어서 최종결정권을 가지고 있는 최고 권위의 기관이다. 연방헌법재판소는 기꺼이 "최고最高의 헌법수호자oberster Hüter"로서 표현된다. 독일기본법은 연방헌법재판소에 규범을 형성함에 있어 그 활동에 대한 척도를 부여하고 있다. 사실 기타 국가권력들도 헌법에 정향定向되어 있고, 기본권을 준수하며 이를 보장하고 있다. 그러나 연방헌법재판소는 헌법기관 간의 의견대립이나 권한쟁의가 있는 경우에 이러한 헌법문제에 대하여 어떻게 대답하여야 하는

지에 대해 최종적인 헌법구속력을 가진 결정을 내린다.

그럼에도 불구하고 연방헌법재판소는 최고의 국가권력기관은 아니다. 왜냐하면 일면 연방헌법재판소는 직권에 의해서가 아니라 오직 신청에 의해서만 활동하기 때문이다. 항상 외부로부터의 충격이 필요하다. 권한 및 소송유형의 카탈로그는 개별적인 경우에, 언제 그리고 어떻게 연방헌법재판소에 제소할 수 있는지를 규정하고 있다. 연방헌법재판소는 명백히 할당된 임무 이외에는 아무런 권한이 없다. 다른 한편 연방헌법재판소는 우선적으로 통제가능하고, 권력제한적·통제적 기능을 예견하고 있다. 연방헌법재판소의 임무는 바로 정치를 법에 구속하고 기속시키는 것이다. 왜냐하면 – 헬무트 지몬Helmut Simon이 적절히 표현한 바와 같이 – 기본법은 "권력과 법法 사이의 태곳적 긴장관계緊張關係를 법의 편에서 결정하여" 왔기 때문이다. 연방헌법재판소에게는 형식적 사법절차에서 헌법을 해석하고 적용하는 제한된 임무가 부여되어 있다. 입법자가 상충하는 이익의 조정을 하는 경우에 합목적적이고 이성적이며 정당한 해결을 찾았는지를 심사하는 것은 헌법재판소의 일이 아니다. 연방헌법재판소는 법의 기관이지 정치기관이 아니다. 하지만 연방헌법재판소의 결정은 정치적 영역에도 영향을 줄 수 있다.

2. 연방헌법재판소의 조직

연방헌법재판소는 쌍둥이재판소Zwillingsgericht이다. 연방헌법재판소는 8명의 재판관을 가진 두 개의 재판부裁判部로 구성되어 있다. 각 재판부는 그의 관할영역에서 연방헌법재판소를 대변한다. 제1재판부는 주로 시민과 국가의 다툼을 결정한다. 제2재판부는 무엇보다 국가기관 간의 헌법충돌에 대해 관할권을 가지고 있다. 원래 제1재판부는 기본권재판부로서, 제2재판부는 국사재판소國事裁判所로서 창안되었다. 그럼에도 불구하고 수년이 지난 후에는 불공평하게도 제1재판부에 너무 과중한 헌법소원의 임무가 새로이 할당되었다. 1956년 이후 제2재판부에도 기본권, 특히 망명권亡命權 및 국적법國籍法에 대한 권한이 부여되었다.

양 재판부의 권한은 법률상 개별적으로 규율되어 있다. 권한과 관련하여 구체적인 절차에서 의심이 생기는 경우에는 재판관위원회Ausschuss der Richter에서 결정한다. 양 재판부는 서로 독립적이고, 각각 다른 재판부의 판례를 심사할 수 없다. 예법禮法에 의해 헌법재판관은 흔히 각각 다른 재판부의 결정들에 대해 공개적으로 논평하거나 비판하지 않는다. 한 재판부가 다른 재판부와 다른 입장을 취하려 한다면 16명의 재판관이 참석하는 재판관전체회의Plenum에서 결정한다. 이런 일은 반세기를 회고해보면 거의 극소수의 사건에서만 일어났다. 나아가 재판관전체회의는 판결임무를 가지지 않는다.

원래의 카탈로그에는 물론 그 밖의 재판관전체회의의 헌법임무가 규정되어 있었다. 1956년 취소되었지만, 연방의회, 연방참사원 및 연방정부는 연방헌법재판소의 재판관전체회의에 어떤 헌법문제에 대한 전문가의견을 요구할 가능성을 생각해 볼 수 있었다. 테오도르 호이스는 1952년 이에 대하여 연방대통령에게 주어진 권한을 사용하였다. 그는 연방헌법재판소의 재판관전체회의로부터 유럽방위공동체의 창설에 관한 조약이 헌법에 합치되는지를 알아보려고 하였다. 이것은 단순히 연방대통령의 호기심이라기보다는 주도권을 거머쥐려는 의도가 내재하고 있었을 것이라고 의심해 볼 만하다. 당시 재무장再武裝을 철저히 거부하였던 사회민주당(SPD)은 이미 1951년 초에 — 말하자면 예방적으로 — 규범통제절차를 연방헌법재판소에 제기하였다. 사회민주당은 처음에 독일인의 무장전투 참여나 병역의무를 규정하고 있는 법률이 위헌인지 여부를 확실히 알려고 하였다. 이러한 절차에 대한 권한은 재판관 다수가 사회민주당에 의해 임명된 제1재판부, 이른바 "진보進步 재판부roter Senat"에게 있었다. 국민들은 연방정부에 의해 고무된 연방대통령이 – "정당 정치적으로 동등하게 구성된" – 재판관전체회의의 법적 판단을 요청함으로써, 제1재판부의 결정에 선수를 치기를 기대하였다.

정파政派들은 재판관전체회의의 형량결정에도 의혹을 가지고 있었기 때문에, 마침내 그 조약에 대한 연방의회의 동의가 있은 다음날 기관쟁의절차를 개시하였다. 여기에 대해서는 제2재판부, 즉 그 구성원의 다수가 기독교민주당(CDU) 편에 서 있던 수구적 성향의 이른바 "보수재판부schwarzer Senat"에 권한이 있었다. 정파에 의해 개시된 신청은 연방헌법재판소에 신청된 것 중에 가장 특이한 신청이었다. 그들은 야당이 기본법에 명시된 다수결을 가지고 유럽방위공동체조약을 의결하는 독일연방의회의 권리에 이의를 제기함으로써 기본법에 위반된다는 것을 확정하려고 하였다. 결국 연방헌법재판소장이 구두변론에서 연방헌법재판소의 양 재판부에 요구한 법적 판단에 대한 정보제공이 구속력 있는 근거가 되어야 한다는 것을 통지한 후에야, 호이스는 법적 판단을 요구하는 그의 신청을 철회하였다. 그 후 이른바 보수재판부는 야당에 반대하는 것을 목적으로 하는 권한쟁의심판을 각하시켰다. 진보재판부가 그 전에 사회민주당의 기대를 저버렸듯이, 보수재판부는 기독교민주당의 기대에 실망을 안겨 주었다.

최초의 대大 정당정치논쟁에서 연방헌법재판소는 독립적이며, 또한 기본법에만 지향된 국가기관임을 보여 주었고, 이를 통해서 국민 신뢰의 초석礎石을 세웠다.

3. 헌법재판관의 선출

헤렌킴제Herrenchiemsee의 헌법초안憲法草案은 연방헌법재판소의 과반수가 직업법관이어야 한다고 규정하고 있었다. 처음에는 이것이 연방헌법재판소의 소장에게도 적용되었다. 이러한 방식을 통해 사법司法이 지나치게 정치적 견해에 의해 영향을 받는 것을 회피하려고 하였다. 회의의 다수위원은 연방헌법재판소가 이를 정치적 사정을 가지고 행동하거나, 특히 정치적 영향력이 연방헌법재판소의 결정에 반영되어야 한다는 암시를 통해 이러한 흔치 않은 입장에 반대하였다. 전형적인 사례로 연방헌법재판소에 책임이 떠넘겨진 한 정당의 위헌여부에 대한 판결이 있다. 이는 전체 정치상황에 대한 정확한 개관뿐만 아니라 정당의 음모에 대한 통찰을 요건으로 한다. 카를로 쉬미트Carlo Schmid는 직업법관이 사실상 정치적 문제를 법적 문제로 여기려는 직업적 경향이 있음을 경고하였다. 이런 점은 대체로 정치적인 주장이라는 것을 의식하지 않으면서도, 그 주장이 법적인 것이라고 믿는 데서 분명히 드러난다. 여기에서 이미 의지적 요소로부터 자유로운 법관法官의 객관적인 결정이 있을 수 있는지 여부의 문제는 앞으로 수십 년 동안에 법학방법론이 몰두해야 할 문제임을 암시하고 있다.

현행 법률은 각 재판부의 재판관 3인이 연방최고법원의 법관중에서 선출되어야 한다는 것을 규정하고 있다. 이러한 방식으로 그들이 가진 고유하고 풍부한 경험과 이와 관련된 지식 및 능력을 연방헌법재판소에서 발휘할 수 있도록 하고 있다. 만40세 이상이고, 제1차 및 제2차 국가시험을 통해 법관의 직무에 적합한 능력을 획득한 모든 자는 재판관으로 선발될 수 있다. 재판관들은 헌법기관의 구성원이어서도 안 되며, ― 법과대학 교수직의 예외를 제외하고는 ― 기타 직업활동을 할 수 없다. 재판관은 12년의 임기로 선출된다. 사법부의 독립성에 혼란을 초래하지 않기 위해 헌법재판관의 연임은 허용되지 아니한다. 연령제한은 만 68세이다. 재판소의 구성원은 각각 연방의회와 연방참사원의 과반수로 선출된다. 연방의회는 12명의 의원으로 구성된 법관선출위원회에 이 임무를 위탁하여 왔다. 큰 정당 중의 한 정당이 그들의 사정에 맞는 재판관을 단독으로 뽑는 것을 배제하기 위해서, 2/3 다수의

석을 요구하고 있다. 후보자들은 다른 정당의 신임도 받아야 한다. 2001년 현재 연방헌법재판소에서 활동하는 11명의 헌법재판관과 5명의 여성재판관의 대부분은 만장일치로 선출되었다.

양 재판부의 역할분담과 관련하여 큰 정당 사이에 협약이 있다는 것은 비밀이 아니다. 그 협약에 따라 이들은 한 재판부의 각 4인의 헌법재판관을 추천하고, 집권정당은 재판관직 중 하나를 군소정당의 연정파트너에게 양보한다. 이러한 "법관추천권Präsentationsrecht"이 반드시 정당소속원의 선발로 이어지는 것은 아니다. 양대 정당은 전제요건인 가중된 다수결에 의해 합의를 도출해야 하기 때문에, 정통정당원은 후보자선발시에 아무런 기회가 없다. 왜냐하면 자신과 타인을 심사숙고하고 입증해야 하는 법관공동체에서, 지나친 믿음은 바람직한 직업윤리Arbeitsethos가 아니기 때문이다. 그럼에도 불구하고 연방헌법재판소의 결정이 정치권과 일반시민 사이에 논란이 되었을 때에는, 재판관이 정당정치에 기속되는 것에 대한 비난이 쏟아지곤 한다. 그리고 정치권의 힘의 역학관계의 변경과 정권교체로 재판부에 주어진 경의敬意도 변한다. 1970년대 후반, 즉 — 사회주의 정당과 자유주의 정당의 연정聯政시대에 — 재판소는 기꺼이 "기민·기사당의 원내교섭단체의 비상제동장치"로 표현되었다. 1990년대 중반, 즉 콜Kohl 정부시대에는 헌법재판관들이 "진보재판관rote Richter" 또는 "진보성향의 68세대fortschrittsversessenen Alt-68er"이었음이 목격되었다.

적합한 헌법재판관 후보자들을 물색物色하는 동안, 그들의 문제인식 및 법적 이해를 철저히 고려하였다. 그럼에도 불구하고 과학적 사실은 인간과 재판관이 상이한 요소에 근거해서 – 즉 그의 출신이나 사회성에 의해 – 사회적 현실과 법法의 임무를 다르게 판단하고 있다는 것을 분명히 하였다. 혹자가 그의 문제인식에 근거해 우선적으로 사회적 조정에 관심을 가진다면, 다른 혹자는 공익보다 기업의 자유를 보다 더 우위에 둔다. 이 경우 관심을 기울여야 할 대상은 그 사람이 보수적인지 아니면 진보적인지의 문제라기보다는, 오히려 그가 헌법재판憲法裁判의 정치적·윤리적 차원을 반영하는가이다. 나아가 롤프 람프레히트는 "개신교改新敎신도로서 예배를 드리는지 또는 가톨릭신도로서 고해성사告解聖事를 하는지", "치마를 입는지 또는 바지를 입는지" 그리고 "집에서 바덴 또는 라인의 포도주나 바이에른의 맥주 또는 북독일北獨逸의 증류주를 마시는지" 하는 그 밖의 모든 후보자선발기준을 평등 및 최선의 선발원칙과 관련하여 위헌이라고 배척하였다. 하지만 또한 이러한 시각의 뒤에는 헌법질서의 다원성을 통해 야기되는 공평한 사고가 깔려 있다. 후보자의 직업적 자질이 모든 의문사항을 초월하는 경우에 정치권이 재판부에 다양한 경험과 관점 그리고 사회상이 대변되었는지를 알고자 한다면, 사람들은 정치권을 원망할 수 없을 것이다. 왜냐하면 재판부가 다양하게 구성될수록, 재판부는 지식이 점점 풍부해지고 사고가 다양해질 수 있기 때문이다.

4. 헌법연구관

헌법재판관에게는 각각 3~4명의 헌법연구관이 배당되고, 그들을 자유로이 선발할 수 있다. 우선 2년에서 3년 기간 동안 연방헌법재판소에 파견된 젊은 판사, 공무원 또는 학자들이 여기에 해당한다. 그들은 문서검토와 연구보고서를 통해 헌법재판관의 판결준비작업을 한다. 이러한 헌법연구관 없이는 헌법소원憲法訴願의 범람은 극복될 수 없다. 헌법재판관들은 그럼에도 불구하고 자신의 결정에 대하여 스스로 책임진다. 헌법연구관들은 평의評議에는 참석하지 않는다. 이들은 독일의 젊은 사법엘리트에 속한다. 현재 활동 중인 헌법재판관들의 다수는 젊은 시절에 한 번은 직접 헌법연구관으로서 연방헌법재판소에서 일한 적이 있다.

Ⅳ. 헌법의 해석

1. 공리公理 및 권고勸告

연방헌법재판소의 결정권의 범위에 대하여 헌법재판관들이 어떠한 규범적 준거를 지향하는지의 문제는 매우 중요하다. 구속적이거나 또는 일반적으로 인정된 헌법이론에만 의존할 수는 없다. 구속적인 해석의 중요한 관점과 헌법이나 그 규범의 내용적 범위에 대한 정보를 제공해 주는 이론이 고려될 수 있다. 사실 항상 그러한 헌법이론은 연구를 통해 파악될 것이 요구된다. 그러나 여전히 다양한 헌법 이해가 서로 경합하고 있다. 이것은 특히 기본권의 효력범위를 정하려고 시도하는 경우에 나타난다. 혹자는 기본권을 대체로 전통적인 의미에서 국가의 침해 행위에 대한 방어권Abwehrrechte으로 이해한다. 다른 혹자는 또한 나아가 기본권 카탈로그를 법의 모든 영역에 방사放射되는 객관적 가치질서 objektive Wertordnung라고 파악하기도 한다. 기본권 카탈로그의 이해를 객관적 가치질서라고 보는 입장에서는 오히려 창조적 헌법해석을 장려하고 있다. 반면에 기본권의 방어적 기능에 국한된 관점은 연방헌법재판소의 억제적 역할에 도움을 준다.

일반적으로 받아들여진 방법론 대신에 헌법재판관들이 법을 선고하는 대신 법을 제정하는 것을 방지하려는 권고가 있었다. 그 권고에 따르면 헌법재판관들은 인정되고 있는 해석원칙에 따라야 하고, 해석되어야 할 헌법규범의 문언文言, 발생사, 목적 및 체계적인 지위에 문의해야 한다. 나아가 헌법의 특별한 의미, 특히 경성헌법硬性憲法의 성질과, 특히 헌법기관 사이의 임무분배를 고려해야 한다. 특히 헌법재판관들이 종전의 판례와 다른 입장을 취하고자 하는 경우에는 비록 엄격한 구속의 의미는 아니지만 특별한 이유제시의 강제라는 의미에서 선결례先決例를 고려해야 한다.

다른 국가권력의 행위능력을 존중하는 것은 연방헌법재판소에게 자명한 의무이며, 말하자면 헌법상의 요청이다. 왜냐하면 연방헌법재판소와 같이 권력구성적인 민주주의가 기능하는 것을 통제하는 기관은 그 자신의 편에서 자신의 결정권의 한계까지

고려할 수 있어야 하기 때문이다. 법원이 기꺼이 추천한 사법자제司法自制judicial self-restraint의 공리公理는 회자膾炙되는 것보다 오히려 오해誤解의 소지가 있다. 왜냐하면 사법적 자제에 대한 호소가 법과 정치의 회색지대灰色地帶를 밝히는 데는 도움이 되지 않기 때문이다. 권력을 통제하고 기본권을 보호하는 것이 주된 의무인 연방헌법재판소에게 절제는 보편적 전략이 아니다. 최종임무는 — 콘라트 헤세Konrad Hesse가 적절히 표현한 바와 같이 — 억제抑制 대신 다른 헌법기관을 거칠게 다룰 위험으로 갈 수 있는 단호斷乎한 개입이 필요한 것이다. 사법자제司法自制의 원칙은 연방헌법재판소가 기본조약Grundlagenvertrag에 대한 결정에서 밝힌 바와 같이 자신의 권한축소가 아니라 "정치활동"의 포기를 담고 있다는 것을 의미한다. "사법자제의 원칙은 다른 헌법기관에 대하여 헌법이 보장하는 자유로운 정치형성의 영역을 열어 놓는 것을 목적으로 한다." 이렇게 이해되는 사법적 자제의 공리는 사안에 있어서 타당하나, 법관의 직업윤리 그 이상도 그 이하도 아니다.

2. 기본질서로서의 기본법

법원의 임무는 법인식이지만, 이에 반해 입법의 임무는 법제정이라는 것이 이상적으로 고려되고 있다. 그럼에도 불구하고 헌법해석의 경우에 너무나 분명하게 드러나는 것은 실무에 있어서는 판결判決과 법형성法形成 사이를 엄격하게 구별할 수 없다는 것이다. 독일기본법은 구조적으로 기본질서Rahmenordnung이다. 몇 가지 예외를 제외하고는 직접 적용이 가능한 개별규율을 규정하고 있지 않다. 단 하나의 정확한 결정을 허용하지 않는, 즉 해석상의 여지를 열어 놓고 있는 개방성開放性을 가진 규범이다. 통치구조統治構造편을 한번 살펴보면, 기본법은 대체로 적용을 위해 구체화되어야 하는 원리들을 담고 있다. 그 때문에 헌법해석은 순수하게 논리적인 해석이 아니라, 오히려 항상 법의 획득Rechtsgewinnung이다.

사회국가조항을 예로 들면 단순히 문헌만 가지고 하는 전통적인 문헌해석의 방식으로는 그 윤곽을 파악할 수 없다. 사회국가원리는 "사회적 연방국가sozialer Bundesstaat" 또는 "사회적 법치국가sozialer Rechtsstaat"라는 형용사의 형태로만 우리와 만나게 된다. 그 연혁도 다소 생산적이기는 하다. 왜냐하면 "사회적"이라는 단어의 의미는 헌법의견서의 어떠한 국면에서도 내용적으로 논구論究되지 않았기 때문이다. 단지 카를로 슈미트Carlo Schmid만이 이러한 구조원리構造原理에서 "공화제共和制 전통의 민주적·사회적 열정Pathos"에 호소하고, 민주주의원리에서 파생되는 "사회적 업적에 대한 용기勇氣"를 질책하는 말을 헌사獻辭한 바 있다. 헌법텍스트에 있는 규범의 위치를 고려하는 체계적 해석은 적어도 사회국가조항의 법적 성질에 대한 정보를 제공해 주고 있다. 왜냐하면 독일연방공화국의 구조원리에 있어서 사회국가조항의 위치는 국가목적조항國家目的條項Staatszielbestimmung이지 소송제기가 가능한 권리가 아니라는 것을 분명히 하고 있기 때문이다. 국가목적은 국가활동에 방향을 제시하고 정치에 대해서는 우위를 정해야 한다.

연방헌법재판소는 따라서 사회국가조항이 정당한 사회질서를 보호하는 국가의무를 설명하고 있다는 의미에서 항상 이를 제한적으로 해석하고 있다. 연방헌법재판소는 국가목적이 사실 동 재판소의 해석지침으로서 기여하지만, 또한 그 실현을 위한 중요한 일은 입법자가 할 수 있다고 강조한다. 왜냐하면 사회국가조항은 국가에게 임무를 부여하고 있지만, 개별적인 경우에 이 임무가 어떻게 실현되어야 하는지에 대해서는 말하고 있지 않기 때문이다. 오히려 — 연방헌법재판소가 지적한 바와 같이 — "정치적政治的 의사형성意思形成이 오직 그렇게만 이행될 수 있는 헌법상의 의무가 미리 주어져 있는 경우에", "자유로운 정치과정의 질서로서 기본법의 민주적 질서는 제한되고 축소된다". 연방헌법재판소는 여기에서 의회議會의 임무는 모든 사람을 위해 수인受忍할 수 있는 생활조건을 위해 애쓰고 사회적 반대원칙을 조정하는 것이라고 예시하고 있다. 그럼에도 불구하고 사회국가발전을 위한 많은 동인動因이 부여되어 있고, 그 목적의 하나로서 인간의 존엄이 준수되는 최소한의 생존조건의 보장이 분명히 제시되고 있다.

구조원리의 해석도 계속 발전할 여지가 있다. 그와 같이 사회국가조항이 독일연방공화국의 구조원리인 것처럼, 연방헌법재판소는 법치국가원리法治國家原理를 일반적 행동의 자유에 관한 기본권과 연결해서 부분적으로 제소가 가능한 권리로 구성하고 있다. 예컨대 신뢰보호의 원리나 공평한 절차권이 그러하다. 따라서 법치국가원리는 정치에 방향을 제시할 뿐만 아니라 국가활동의 한계를 설정해 준다.

3. 생동하는 도구로서의 기본법

헌법해석의 주요한 문제 중의 하나는 시간 관련성과 사회적 변천성變遷性이다. 따라서 기본법 제6조에서는 혼인 및 가족을 국가질서의 특별한 보호하에 두고 있다. "가족家族"이라는 개념은 무엇을 의미하는가? 혼인에 기초한 가족인가? 이것은 초기 헌법제정자의 생각이었다. 혹은 우리는 "가족"을 오늘날의 관계에서 파악하고, 가족사회학과 일치시켜 해석하여 가족을 혼인 없는 가족에게까지도 확대해야만 하는가? 독일연방공화국에서 가족의 사회적 현실이 부단히 변한다는 사실과 관련하여 보면, 초기헌법제정자의 가족에 대한 이해로 돌아가기는 어려울 것이다. 그것은 헌법창안자의 의미에서만은 아닌 듯하다. 왜냐하면 여기에서는 지속적 발전에 대한 기본권의 적응능력이 중요한 관심사이기 때문이다. 또한 연방헌법재판소는 그 발전사, 기본법해석에 대한 헌법제정자의 가치관과 동기動機에 "무조건적으로 결정적 의미를 부여하지는 않았다". 반대로 연방헌법재판소는 기본법의 효력발생 후 기본권의 내용과 임무에 대해 더욱 심화된 이해를 보여 주고 있다. 예를 들면 종신형終身刑과 관련하여 장기자유형의 집행효과에 대한 의학적, 심리학적 그리고 사회학적 인식을 보여 주고, 새로운 통찰이 인간의 존엄 및 법치국가원리에 근거한 이러한 형벌刑罰의 평가에 영향을 미치거나 나아가 바꿀 수 있다는 것을 명백히 하였다. 왜 — 구스타프 라드브루흐Gustav Radbruch와 대화하기 위해 — 법의 해석자는 제정자보다 법을 더 잘 이해해서는 안 되는가? "법률은 그 제정자보다 더 현명할 수 있는 것이 아니라 더 현명해야만 한다."

헌법의 해석과 적용은 과거가 아니라 현재와 미래에 관련된 작업이다. 법해석法解釋은 — 콘라트 헤세가 적절히 지적한 바와 같이 — 항상 구체적인 문제와 연관되어 나타난다. 연방헌법재판소는 권리보호와 미래의 법적 안정성을 보장하기 위해 그에게 제시된 헌법문제를 실용적인 방식으로 해결해야 한다. 연방헌법재판소는 현재의 가치지평과 변화된 생활관계에 맞는 해석을 결부結付시키고 있다. 연방헌법재판소가 — 특히 인구조사판결Volkszählungsurteil에 있어서 — 발전시킨 자기정보결정권自己情報決定權과 마찬가지로 연방통상법원이 창안한 일반적 인격권은 법관에 의한 법형성法形成이다. 그러한 법형성은 현대의 기술적인 발전과 관련하여 인간의 인격권보호에 대한 새로운 위험에 기초한 것이다.

기본법의 개방성開放性과 폭은 여기에서 특별하게 나타난다. 심지어 헌법이 간결하고 불분명하게 구성되어 있다면 성공적인 것으로 여겨진다. 왜냐하면 개방되지 않고 어느 정도의 범위에서 항상 새로이 해석될 수 없는 헌법은 경직되고, 곧 정향력Orientierungskraft을 상실하게 될 것이기 때문이다. 헌법은 오늘날의 관계에 비추어 해석될 수 있는 생동하는 도구로서 파악되어야 한다. 이러한 관점을 고려하여 연방헌법재판소는 또한 가족에 대한 법률적 구성을 점차 사회현실에 맞추고, 미혼상태에서 그 자녀와 함께 사는 부모도 법률적 의미에서 가족으로 파악하고 있다. 왜냐하면 부모가 자녀를 돌보고 양육하기 위해 함께 살고 협력한다는 사실은 보호할 만한 가치가 있기 때문이다. 친권親權의 신탁적인 성격과 관련하여 혼인체결에 대해 반대결정을 하는 것은 중요하지 않다. 부모의 그러한 인격적인 결정이 — 연방헌법재판소도 그러하지만 — 자녀에게 부담을 주어서는 아니 된다.

따라서 법관의 결정은 법의 발견일 뿐만 아니라 법의 획득 Rechtsgewinnung이기도 하다. 법관의 법 획득의 모든 행위에서 실무적·이론적, 창조적·인지적, 주관적·객관적인 요소는 불가결하게 연결된다(구스타프 라드브루흐). 이러한 점에서 판례는 정치적인 성격을 띤다. 헌법텍스트의 개방성으로 인해 해석자의 개인적인 가치관과 현실상現實像이 해석에 투영된다. 또는 어떻게 재판관들의 주관적 가치가 배제되거나 제한될 수 있는지가 많이 숙고되었다. 여기에 기본법의 관점에서 자신의 주관적 가치관과 다른 집단의 가치관을 서로 토론하면서 일상적으로 작업하려는 정신자세로서의 법관의 독립성獨立性이 제시된다. 그 재판부의 원심력遠心力은 연방헌법재판소에 안목眼目을 가진

정열이 융합되는 것을 보호하고 있다. 제4대 연방헌법재판소 소장 볼프강 차이들러Wolfgang Zeidler가 적절히 확정했던 것처럼, 이것은 재판부의 다원성, 상이相異한 경험의 차원, 인격구조와 설득의 모델에 기인하고 있는 것이다. "완전히 상이한 사람들의 병존과 협력은 더 이상 불가능한 외부의 통제를 대체하기에 적합한 마찰표면을 발생시킬 수 있다. 그 권력분립權力分立은 따라서 동료의식과 협력, 비판과 대립이라는 힘의 평행 사변형을 반영하고 있다."

4. 부언 : 소수의견

연방헌법재판소의 결정에 있어서 절대다수가 만장일치의 결정을 내렸다 하더라도 몇몇의 평의評議는 공개적인 의견대립으로 끝난다. 재판관들이 반대의견을 공개할 것을 결정하면 그 견해 차이는 공개된다. 독일연방공화국에서 연방헌법재판소의 재판관들에게 허용된 소수의견少數意見의 공개가능성은 물론 매우 제한적으로만 사용된다. 1971년부터 2000년까지 1,714개의 판결에서 단지 108개의 소수의견만이 부기되었다. 약30년 전 그 허용과 더불어 제기된 다음과 같은 염려는 아직 확인되지 않았다. 즉 자만自慢에서 나오는 소수의견이 구성되지도 않았고 소수의견이 재판관들의 경향을 촉진시키지도 않았으며, 경솔한 사임辭任 그리고 반대의견으로의 도피逃避도 일어나지 않았다. 이와 달리 소수의견의 통지와 발언은 "판결의 견해표명에 있어서 법원의 구성원을 유익한 사항강제事項强制Sachzwang하에"에 둔다는 것이다. 왜냐하면 합의에 집착하는 다수가 단지 잠재적인 이견異見을 가진 자를 끌어들이려고 노력하지는 않기 때문이다. 그들은 더욱 더 심도 있게 그 반대견해를 검토하고, 자신의 논증論證의 설득력과 그 결정의 사안정당성을 숙고하고, 따라서 결국 판결이유의 합리성을 도출한다.

또한 소수의견은 아주 원칙적이고 — 학문적으로 자주 논의되는 — 사회적으로 뜨거운 논란을 불러일으키고 있는 극도의 갈등을 함축한 주제에 대해서만 부여된다. 대표적인 사례는 낙태문제이다. 헌법문제에 있어서 항상 연방헌법재판소에 제소되는 이러한 낙태문제는 때때로 재판관전체회의에서 심각한 갈등으로 이어져 소수의견으로 가게 된다. 여기에서 낙태문제가 심판대에 선다면 합의와 이성은 손에 손을 잡고 그 방을 떠나야 한다는 미국美國의 한 법학자의 말은 진실임이 판명되었다.

소수의견의 공표가 지금까지의 연방헌법재판소의 존경이나

권위 또는 판례의 평화중재적인 효과를 계속 침해하지는 않는다. 연방헌법재판소의 논쟁사의 정점頂点이었던 1995년에도 논란의 여지가 있는 주제와 소수의견이 누적될 정도는 아니었다. 그해 십자가상十字架像Kruzifix 결정, "군인은 살인마殺人魔이다" 결정, 동독東獨스파이 결정, 재산세 결정은 그때마다 소수의견이 부기되었다. 더욱이 그 당시에 소수의견으로 된 판결을 공포한 것이 직접적인 도화선이 되어 재판부의 자기분열은 소리 높여 탄원되었다. 그러나 설사 이러한 모든 결정이 전원일치로 수용되지 못하였다 하더라도, 거기에는 존경이 따랐다. 그 결정들은 ― 낙태형벌落胎刑罰에 대한 두 번째 판결과 마찬가지로 ― 결국 지속적으로 평화중재적인 효과를 가져왔다. 연방헌법재판소는 때때로 공공기관의 신용등급에서 연방군이나 경찰에 그 선두자리를 내주지는 않았다.

특히 소수의견은 제한된 범위에서나마 법적용의 투명성을 높이고 있다. 소수의견은 ― 롤프 람프레히트가 적절히 지적한 바와 같이 ― 연방헌법재판소를 "무오류성無誤謬性의 위험한 존경尊敬"으로부터 보호하고 있으며, 패소敗訴한 청구인과 그 관계인을 또한 만족시키기도 한다. 왜냐하면 "소수의견이 그들의 의견을 완전히 불합리하게 여기지 않았음"이 분명하기 때문이다. 소수의견은 올바른 법의 인식이 존재할 뿐만 아니라, 법의 획득이 다층적多層的이고 가치종속적價値從屬的이면서 변증법적辨證法的인 과정이라는 것을 명백히 하고 있다. 또한 소수의견은 시민들에게 자유로이 부유浮遊하는 법관제왕法官帝王이 판결을 하는 것이 아니라, 정당한 사회에서 각각의 가치관을 가지고 다양한 법 이해를 가진 피와 살을 가진 인간人間이 판결하는 것이라는 경험을 기능하게 한다. 정치적으로 사고하는 시민은 민주주의사회에서 언제 어디에서나 견해대립이 있지만, 결정된 다수의견은 – 그것이 의회든 법원이든 – 존중되어야 한다는 것을 알고 있다.

Ⅴ. 헌법소원

1. 임무와 필요성

연방헌법재판소는 현재 독일에서 기본권종속의 통제기구統制機構는 아니다. 비록 재판관들이 법치국가원리에 위배된 국가공무원의 행위를 예의주시해야만 한다 하더라도, 법원으로서의 그 고유한 성격상 스스로 활동할 수는 없다. 항상 외부로부터의 동인動因, 즉 청구나 헌법소원이 필요하고, 이를 가지고 연방헌법재판소가 활동할 수 있다. 기본권이 국가의 공권력에 의해 침해받았다고 믿는 모든 사람은 이러한 특별한 권리구제수단을 가지고 연방헌법재판소에 권리보호를 요청할 수 있고, 이러한 공권력행사에는 법률·판결이나 행정처분 등이 있다. 시민들은 이러한 헌법소원제도를 기본법의 파수꾼으로 생각한다. 연방헌법재판소가 기본권의 수호자守護者로서 활동할 수 있는 것은 무엇보다 그 정의감과 비판정신 덕분이다.

헌법소원은 독일연방공화국의 법질서의 창조물이다. 그러나 헌법소원은 그 선구자先驅者를 알고 있다. 그 흔적은 독일신성로마제국의 제국법원帝國法院으로까지 거슬러 올라가게 된다. 만약 영주領主가 신민臣民에게 권리보호를 거부하면, 신민은 제국법원 앞에서 영주에 대한 소원訴願을 제기할 수 있었다. 제국헌법을 통해 보장된 권리침해로 인해 독일국민이 제국법원에 소원을 제기할 수 있는 가능성은 파울스키르헤 헌법Paulskirchenverfassung에도 규정되어 있었다(제126조 h, g). 이 헌법이 발효되었더라면, 헌법소원은 이미 1849년에 세상의 빛을 보았을 것이다. 그러나 1919년 바이에른 헌법bayerische Verfassung에도 이러한 소원가능성의 창설을 유보하고 있었다. 거기에서 헌법소원은 유일하고 직접적인 선구자를 발견하게 된다. 시민들이 행정청의 활동으로 인해 권리를 침해받았다고 여길 때에는 바이에른 국사재판소國事裁判所에 소원을 제기할 수 있었다.

국가사회주의의 공포정치의 경험은 기본권이 제소提訴 가능한 권능權能으로 성립하는 동인動因이 되었다. 또한 기본법을 제정한 사람들은 연방헌법재판소가 "독일의 모든 거주자에게 합헌적으로 보장된 기본권의 침해에 대해 필요한 보호를 보장한다는" 점에서 의견의 일치를 보았다. 그러나 헌법제정의회는 헌법소원을 기본법에서 명백히 규정하는 것에 대해 결단을 내리지 못했다. 기본법의 권리구제체계에 있어서 불충분하게 구성된 이러한 권리구제절차가 제대로 정돈될 수 있을지에 대한 불확실성이 너무 컸기 때문이다. 1951년 헌법소원은 연방헌법재판소법에 도입되었다. 그리고 헌법소원은 결국 1969년 비상헌법非常憲法에 대한 대칭추로서 기본법(제93조 제1항 제4a호)에 진입하게 되었다.

헌법소원은 연방헌법재판소에 이르는 제왕帝王의 길을 열었다. 그러한 헌법소원의 작성은 비교적 비용이 들지 않는 일이다. 변호사는 선임해도 좋지만 반드시 필요한 것은 아니다. 자필로 쓴 서신으로도 충분하다. 또한 우편엽서를 연방헌법재판소에 보내어도 된다. 그러나 청구인은 손해를 입었다고 느끼는 고권적高權的 조치를 정확히 기술해야만 한다. 또한 어떠한 기본권이 얼마나 손상당하였는지를 상세히 설명해야만 하고, 청구인은 스스로 그 당사자이어야만 한다. 왜냐하면 기본법에는 모든 위헌적인 고권적 행위에 대해 모든 시민이 다툴 수 있는 만인소송萬人訴訟이 규정되어 있지 않기 때문이다. 직접 법률에 대한 것이 아니라면, 헌법소원은 1개월 이내에 제기되어야 하고 그 이유를 제시하여야 한다. 만약 직접 법률에 대한 헌법소원이라면, 그 헌법소원은 법의 효력발생일 이후 1년 이내에 제기될 수 있다.

연방헌법재판소는 물론 소원청구인 자신이 모든 법적 수단을 전부 사용한 경우에만 개입할 수 있다(소위 '보충성의 원칙' — 옮긴이). 전문재판專門裁判에 대해 헌법재판이 우위를 갖지는 않는다. 오히려 모든 법원의 임무는 기본권의 보호를 개별사례에서 보장하는 것이다. 그 때문에 청구인은 우선 전문법원에 먼저 문의해야 한다. 또한 연방헌법재판소는 다른 법원의 결정을 전체범위에서 사후심사하는 심급법원審級法院이 아니다. 연방헌법재판소의 척도는 기본법일 뿐이다. 연방헌법재판소의 사안은 단순한 법의 적용이 아니다. 오히려 그에게는 전문법원이 기본권 규범과 척도를 고려했다는 것을 보장해 줄 의무가 있다.

헌법소원은 사건으로 결정되기 위한 심판회부가 필요하다. 이러한 권리보호가능성의 대중성의 이면裏面에는 소원訴願의 범람이 있기 때문이다. 이러한 딜레마는 처음부터 권리구제에 있어 커다란 성공을 가져왔다. 1991년 이래로 매년 접수되는 헌법소원의 수는 4,000건으로 더 이상 줄어들지 않았다. 많은 시민들은 연방헌법재판소를 독일연방공화국의 투서함投書函으로 오인誤認하고 있다. 혹은 그들은 소송절차의 약자로서 구제방법을 찾는다. 시민들은 연방헌법재판소가 일반법원이 민법이나 형법을 올바로 해석·적용하고 상응하는 증거를 제출하였는지를 심사하는 항소법원抗訴法院이 아니라는 점을 간과하고 있다. 이러한 상황은 연방헌법재판소가 중요한 헌법문제에 집중할 시간을 얻기 위해서 옥석玉石을 가려내는, 법률로 규율된 심판회부절차로 가게 된다.

헌법소원이 원칙적으로 헌법적 의미를 가진다면, 특히 본안판단으로 가게 된다. 연방헌법재판소가 결정한 바와 같이, "헌법소원이 아무런 문제없이 기본법에서 해답을 찾을 수 있고, 아직 헌법판례를 통해 해명되지 않았거나 또는 변화된 법률관계를 통해 새롭게 해명될 필요가 있는 헌법문제를 제기한다면, 본안판단本案判斷으로 넘어가게 된다". 그러나 또한 현재 주장되는 기본법 위반이 특별한 의미를 가지거나 — 명확하게 법률이 규정하고 있는 바와 같이 — 소원청구인에게 특히 중대한 손해가 발생하거나, 본안결정이 기각되면 본안결정이 공표된다(연방헌법재판소법 제93조의 a). 우선 처음 언급한 심판회부의 이유는 예를 들면 전문법원에서 기본권에 반하는 행정조치의 경우나 법관이 극도로 태만怠慢한 경우에 긍정된다. 청구인의 실존적 관련성은, 예컨대 형사벌의 경우에 이와 관련된 피고인의 사회적·윤리적 무가치無價値 판결이 인간의 존엄과 연관되기 때문에 긍정된다.

또한 이러한 심판회부의 근거에 있어서 이의가 제기된 조치는 — 대부분 법원의 판결 — 기본권이나 법적 심문의 요청과 같은 합헌적인 권리가 침해될 수 있다는 것을 당연히 전제로 한다. 소송물訴訟物의 경미함으로 인해 연방헌법재판소의 주의를 요하지 않는 사소한 사건의 경우에는 특히 중대한 손해의 요청에 의해 배제된다. 연방헌법재판소는 그러한 경우에 종종 소원남용에 대한 사용료부과를 판결할 수 있는 가능성을 활용하기도 한다. 청구인은 논쟁이 되는 대상의 사소함을 철저히 의식하고 있다. 그들은 소송에서 "원리原理가 문제된다는" 주장을 가지고 헌법소원의 존속을 정당화시키기 위해 종종 명백히 그 대상을 집어넣고 있다.

연방헌법재판소의 창립 이래 2000년 말까지 126,962건의 헌법소원이 제기되었다. 그러나 소원청구인은 단지 2,797건(3.3%)의 심판절차에서 인용認容되었을 뿐이다. 그럼에도 불구하고 낮은 인용율認容律 때문에 헌법소원을 과소평가해서는 안 된다. 왜냐하면 그 의미는 개별적인 기본권보호에만 국한되지 않기 때문이다. 헌법소원은 동시에 "객관적인 헌법을 보지保持하고 그 해석과 발전에 기여하는" 기능을 가지는 한, 이는 이중적 성격을 갖는다.

동시에 자신의 기본권을 방어하는 시민은 객관적인 헌법보호를 하는 연방헌법재판소를 활성화한다. 개별사안에서 교정적矯正的 효과를 넘어서 교육적이고 예방적인 영향을 미치게 된다. 이것은 "구속력, 권위, 상급심결정의 일반적 의미"가 의도한 결과이다. 연방헌법재판소의 결정은 실제로 정치인과 관리官吏뿐만 아니라 일반시민들에게도 기본권이 직접적으로 유효한 권리를 제공하고 있음을 보다 분명히 하고 있다.

2. 기본권보호의 의미

헌법소원을 통한 도전으로 연방헌법재판소는 첫 수십 년 동안 그 판례에서 많은 관료주의국가의 전통을 무너뜨리고 법치국가원리의 윤곽을 그려 내었다. 구체적 사례로 법적 심문, 공정한 심판절차 그리고 특히 "특별권력관계特別權力關係"의 법형상에 대한 판례가 언급된다. 특별권력관계의 하나로서 형집행의 전통적 이해는 – 교도소가 행한 수인囚人에 대한 서신검열과 관련하여 연방헌법재판소가 확정한 바와 같이 – 기본법이 규정하고 있는 포괄적인 국가권력의 기본법 기속과 일치하지 않는다. 따라서 수인囚人의 기본권은 직접 법률에 의해, 혹은 법률에 근거하여 제한되어야 한다.

연방헌법재판소가 발전시켜 독일국경을 넘어 추종자를 얻은 헌법원리는 비례성원리이다. 연방헌법재판소는 독일기본법 제12조 제1항의 직업의 자유와 관련하여 이러한 기본권의 법률적 제한이 적합하고, 필요하며 그리고 상당하여야 한다는 것을 확정하고 있다. 따라서 약국개업은 수요심사와 무관할 수 없다. 왜냐하면 개업開業의 자유로 약국藥局을 위협하는 위험은 개연성이 높다고 입증되지 않아서 직업의 자유에 대한 심대한 침해를 정당화할 수 있기 때문이다. 다른 한편, 모든 종류의 물건을 파는 소매상의 개업에 있어서는 전문지식의 증명서를 요구하지 않는다. 더욱이 소매상은 자발적으로 운영에 필요한 상업적인 지식을 취득하기 위해서 노력한다. 그러나 입법자가 모든 소매상에게 상당한 상업적 지식을 기계적으로 동일한 교육과 시험을 통해서 직업을 얻기 위한 전제로 요구한다면, 이는 필요성의 척도를 넘어선 것이기도 하다.

무엇보다 사상과 예술의 자유, 언론과 방송의 자유에 대한 결정 및 집회의 자유에 대한 중요한 결정들은 주목할 만하다. 독일기본법 제5조와 제8조에서 보호하는 통신기본권에 대한 결정은 기본법의 기원뿐만 아니라 그 해석의 시대사적 배경을 실례로 보여 주고 있다. 그것은 바이마르 공화국과 1933년부터 1945년까지 공포정치의 실패에서 배운 불굴不屈의 의지를 보여 준다. 이러한 재판은 — 아직도 의미 있는 뤼트 판결Lüth-Urteil에서 시작되어 아우슈비츠Auschwitz 부인否認의 경우까지 — 분명히 재앙으로 가득 찬 과거를 가진 어려운 논쟁이 될 수 있다. 또 다른 결정들은 슈피겔Spiegel 판결이나 블링크퓌어Blinkfüer 판결의 경우와 같은 독일정책의 두드러진 변동의 경우에 빛을 발했다. 첫 번째 경우는 국가반역죄의 의혹 때문에 《슈피겔Der Spiegel》지에 대한 조사가 문제된 것이었고, 두 번째는 구舊 동독(DDR)의 방송프로그램을 게재한 신문에 대한 보이콧boycott을 위한 소환召喚의 한계에 관한 것이었다. 후자의 결정은 단지 사상의 자유의 영역에서 자유주의·법치국가적 민주주의에 대한 도전으로서 입증되지 못했던 냉전冷戰에 대한 기억을 환기시켰다.

통신기본권에 대한 연방헌법재판소의 결정은 독일이 자유민주주의적 법치국가로 발전하는 데 중대한 기여를 했다. 또한 사상과 출판의 자유에 대한 결정에서 자유로운 사상표현에 대한 기본권이 자유민주주의적 국가질서를 위해 절대적으로 필요한 구성요소라는 인식이 언급되었다. 왜냐하면 이러한 기본권은 우선 민주주의의 삶의 요소인 지속적인 사상적 논쟁을 가능하게 하기 때문이다. 이러한 방식으로 민주적 공동체국가에서 사상과 출판의 자유의 의미에 대한 참뜻만이 강화되는 것은 아니다. 판례는 동시에 기본권보호의 도구와 척도 및 방법에 대해 중요한 기여를 한다. 이것의 유효범위에는 기본권의 이해가 중심이 된다. 연방헌법재판소는 기본권을 국가에 대한 개인의 주관적 방어권으로서 뿐만 아니라, 동시에 전체적인 법제정과 법적용에 방사효放射效를 미치는 객관적 원리로서 파악한다. 중요한 것은 또한 상호작용론相互作用論이다. 여기에 의하면 일반 법률을 통한 개별 기본권의 제한은 항상 기본권정신에서 선취先取되어야 한다는 것이다.

특히 방송의 자유에 대한 판례의 도움으로 조직과 절차를 통한 기본권보호상像이 도출되었다. 이러한 사고는 대학입학정원 판결numerus clausus-Urteil에서, 자원희소성의 관점에 의한 급부국가給付國家에의 참여권參與權이라는 결실도 거두었다. 연방헌법재판소가 결정한 바와 같이 사실 입학권은 가능성의 유보하에 있지만, 입법허가의 제한은 선발절차가 법률에 의해 – 그리고 사실 연방전체에 통일적으로 – 모든 대학입학자격을 가진 지원자가 입학권을 자의가 아닌 자신의 선택에 맡겨 놓도록 규율하는 경우에만 헌법에 합치된다.

표현의 자유에 관련된 기본권에 대한 몇몇 결정들은 중대한 학문적·공개적 논쟁을 야기하였다. "군인은 살인마이다" 결정에 대한 비판은 그 정점을 이루었다. 무엇보다 공황기에 다중多衆의 격분된 관심은 이견異見을 통해서 더 많은 관용寬容과 다른 행동을 재촉하는 각각의 결정에 이르게 되었다. 그러나 바로 이것은 1945년 이후의 기간 동안 독일인들에게 종속문화從屬文化에서 국민문화國民文化로의 이행이 성공했는가, 그리고 바이마르공화국의 실패에서 어떤 것을 배울 수 있었는가 하는 질문에 대한 시금석試金石이었다. 왜냐하면 이것은 — 이따금 잊혀진 — 사상의 자유의 급진적 사용이나 소수자에 대한 지나친 관용이 근본적으로 가능하지 않았기 때문이다. 또한 이는 확고히 뿌리박고 있는 관료주의국가의 전통이 좌절된 것이었다.

3. 재판소원

모든 헌법소원의 대부분은 전문법원의 결정에 대한 것이다. 또한 이러한 헌법소원은 — 이미 언급한 바와 같이 — 개별사안에서 기본권보호를 보장해야만 한다. 연방헌법재판소는 상급심上級審도 아니며 초超사실심Supertatsacheninstanz도 아니다. 연방헌법재판소는 단지 전문專門법원이 기본권규범과 척도를 준수하는 것을 보장할 뿐이다. 그리고 연방헌법재판소는 전문법원이 일반 법률의 해석과 적용에 있어서 헌법이 설정한 한계를 무시하고, 특히 기본권의 의미와 효력범위를 오인한 경우에 교정적矯正的으로만 활동할 뿐이다.

그 사례로서 판례 — 단지 사상의 자유에 대한 것만이 아닌 — 의 토대로 여겨진 종전의 유명한 연방헌법재판소의 결정들은 여기에 정당하게 기여할 수 있다. 사안은 짧게 기술되어 있다. 즉 그 당시 함부르크Hamburg 국가홍보실장 에리히 뤼트Erich Lüth는 "독일영화주간週間Woche des deutsche Films"의 개막 즈음에 나치 정부하에서 유명했던 감독 파이트 할란Veit Harlan의 영화 〈불멸不滅의 연인戀人Unsterbliche Geliebte〉을 보이콧boycott할 것을 수상자와 극장주에게 요청했다. 그는 반反유태주의 영화 〈유대인 쥐스Jud Süß〉의 작가의 재등장이 전 세계에 독일의 도덕관을 무너뜨리는 일이 될 것이라고 염려했다. 영화제작자는 함부르크 지방법원에 뤼트의 보이콧에 대한 호소는 풍속에 어긋나는 침해로서 금지되어야 한다는 가처분을 얻어냈다. 이에 뤼트는 연방헌법재판소에 헌법소원을 적법하게 제기하였다.

연방헌법재판소는 함부르크 지방법원의 판결이 소원청구인의 사상의 자유라는 기본권을 침해하고 있다고 결정하였다. 사실 기본권은 국가에 대한 최우선의 방어권이지만, 그 효과는 시민-국가의 관계에만 제한되지 아니하고, 시민 사이의 관계에도 영향을 준다. 왜냐하면 헌법은 기본권 카탈로그뿐만 아니라, 객관적 가치질서도 담고 있기 때문이다. 인간의 존엄을 중점적으로 고려하고 인격의 자유발현권自由發顯權을 발생시키는 이러한 가치체계는 법의 모든 영역에서 방사된다. 여기에서 연방헌법재판소는 기본법의 가치체계에 모순되는 민법규정은 없으며, 그 정신에 맞게 해석되어야 한다는 추론推論을 이끌어 냈다.

법 전체를 기본권 척도의 영향하에 세우는 결정들은 형법뿐만 아니라 민법에서도 전망이 있는 것으로 입증되었다. 그리고 이러한 토대위에 연방헌법재판소는 임신중절姙娠中絶의 처벌가능성에 대한 결정에서 인간의 생명에 대한 보호의무保護義務를 도출해 냈다. 연방헌법재판소의 결정에서처럼 "아직 태어나지 않은 생명에 대한 보호의무를 충족하기" 위해, "국가는 — 대립된 법익의 고려하에 — 적합하고 그 자체로 효과적인 보호가 달성되도록 이끄는 규범적이고 사실적인 방식의 충분한 조치를 취해야만 한다". 이것을 위해서는 예방적이고 강압적인 요소가 서로 결합된 보호구상이 필요하다. 연방헌법재판소가 여전히 임신중절을 불법不法으로 보고 있지만, 태어나지 않은 생명에 대한 보호는 우선 사회정책적인 과제로 여겨진다.

기본권의 방사효과放射效果에 대한 결정은 사법적司法的인 사고가 근본적으로 변화하는 데도 기여했다. 최근까지 연방헌법재판소는 특히 사회국가의 목적을 가진 자유권의 행사가 충돌하는 경우에 기본권규범과 척도의 방사효과를 논의했다. 연방헌법재판소는 예를 들면 1993년에 소득과 재산이 없는 가족구성원의 보증계약保證契約에 대한 내용통제에 대하여, 계약의 일방당사자의 구조적 열세를 인식할 수 있고, 그 계약의 결과가 비정상적으로 부담과 연결되어 유형화되는 사례의 경우에, 사법질서私法秩序가 반응하고 수정이 가능하다는 것을 확정했다. 연방헌법재판소는 한편으로는 사적 사지 영역에서의 기본권보장과 다른 한편으로는 사회국가원리 사이의 긴장관계를 실제적 조화praktische Konkordanz의 문제로서 해결했다. 즉, "사법상 교류의 모든 당사자는 독일기본법 제2조 제1항의 보호를 향유하고, 마찬가지로 그 사적 자치의 기본권의 보장을 근거로 할 수 있기 때문에, 강자들만의 권리로 여겨지지 않을 수 있다". 이렇게 즐겨 사용되는 실제적 조화의 공식은 하나의 문제를 기술하고 있다. 그러나 이 공식은 어떠한 기준에 의해 경합되는 기본권지위가 서로 비교형량이 되는지에 대한 정보를 주지 않는다.

많은 헌법규정의 개방성開放性과 관련하여, 객관적 가치질서로서의 기본권이해에서 연방헌법재판소의 광범한 통제가능성이 도출된다. 이것은 권력분립의 관점에서 이것은 문제가 없지 않다. 왜냐하면 법의 모든 영역에서 방사효과는 "일반 법률의 해석·적용의 과정에서 기본권의 상존으로 이르기" 때문이다. 기본권이 일반 법률로 방사되며, 충분히 섞이고, 영향을 줌으로써, 헌법과 일반 법률의 구분가능성은 불분명해진다. 이러한 기본권이해의 배경 앞에 연방헌법재판소의 활동영역을 어떻게 전문재판의 활동영역과 구분할 수 있는가 하는 시급時急한 문제가 등장한다. 지적 신뢰성은 헌법과 일반 법률 사이의 경계를 명확히 구분짓는 취급가능한 기준목록이 없음을 확정하도록 촉구하고 있다.

모든 법원은 원칙적으로 기본권보호의 책임이 있기 때문에, 결국 의미 있는 업무분담이 문제가 된다. 연방헌법재판소는 기본권지침에 부응하였는지에 주의를 기울이고 있다. 연방헌법재판소의 임무는 개별사건을 재판하는 것이 아니다. 무엇보다 연방헌법재판소는 전문법관의 특별한 법률 및 전문지식과 아울러 사건의 근접성을 존중해야 한다. 증거판단과 같은 사실의 확정은 전문법원의 고유한 임무영역에 속한다. 왜냐하면 "그들의 엄청난 사안근접성, 다수의 해당사례에서 얻어진 경험과 당해 판례는 다른 전문법원의 판례가 항상 연결되어 있는 비판적 대화에 근거하여 연방헌법재판소보다는 구조적으로 더 적합하기 때문이다"(오토 자이들).

우리는 이른바 "군인은 살인마殺人魔이다" 결정을 사례로 들 수 있다. 이 결정에서는 어떤 요건하에 "군인은 살인마이다"라는 표현이 형사처벌이 되는 명예훼손인지 또는 사상의 자유의 보호영역인지가 문제된다. 연방헌법재판소는 그 통제의 유효범위의 문제에 대하여 다음과 같은 점을 분명히 강조하고 있다. 즉 논란이 되는 표현이 실제 거론되었는지, 어떤 용어를 사용하였는지, 누구에게서 이것이 나온 것이고, 또 어떤 상황에서 발언된 것인지의 확정은 전문법원의 몫이다. 왜냐하면 이러한 확정은 형사법원에서 구두변론의 전체적 인상의 일회성一回性에 기인하고 있기 때문이다.

그러나 표현의 본래적 의미는 그 원문原文을 통해 최종적으로 확정된다. 대략 이것은 명예를 훼손할 의도였는지 아니면 평화주의적인 의도에서 행하여진 것인지에 대한 것이다. 의사소통의 개별적인 특수한 상황에 따라서 표현은 상이하게 이해될 수 있다. 또한 "군인은 살인마이다"라는 문장이 자동차스티커나 독자편지의 내용이었는지 또는 독일연방군의 병영 앞 현수막의 내용으로 표현된 것인지에 따라 그 의미는 변할 수 있다. 따라서 그 표현이 명예훼손으로 이해되는지에 대한 결정은 단순한 형법의 해석뿐만 아니라 그 표현 이전의 의미해석에도 관련이 있다. 진의眞意의 오류는 사상의 자유라는 기본권을 허용하지 아니할 정도로만 제한될 수 있다. 형사법원은 다의적 표현인 경우에 설득력 있는 근거로 다른 해석가능성을 배제시키지 않고 형사처벌이 가능한 해석에서 출발한다. 그러나 연방헌법재판소는 형사법원이 이해하는 입장에서 원문을 이해하지는 않는다. 연방헌법재판소는 단지 객관적으로 불가능한 의미해석은 배제하고, 형사법원으로 하여금 그 표현이 특정한 이해로 확정되기 이전의 대안적 해석가능성을 숙고하도록 한다. 연방헌법재판소는 표현의 이해나 허용에 대해 최종적으로 결정한다. 법원의 판결에 대한 헌법소원이 허용되면, 연방헌법재판소는 법원결정을 폐지하고 본안판단을 전문법원에 이송한다. 연방헌법재판소는 이러한 방식으로 전문법원에게 연방헌법재판소의 지침과 일치되게 업무를 수행할 수 있는 독자적인 평가의 틀을 열어 준다. 왜냐하면 연방헌법재판소는 기본법해석의 문제에 있어서 최종결정권을 가지고 있기 때문이다.

4. 헌법소원의 미래

연방헌법재판소에의 만인萬人의 접근Jedermanns-Zugang은 기본권의 효력을 보장하기 때문에 중요한 가치를 지닌다. 그렇다고 패소율敗訴率이 높다는 것이 이것에 모순되는 것은 아니다. 왜냐하면 사람들에게 헌법소원이 헛된 희망의 실망감을 안겨 줄 수 있기 때문이다. 독일시민들의 권리보호의 기쁨은 단지 헌법재판의 문제만은 아니다. 또한 헌법소원 패소의 통계치는 이미 다수의 사건에서 전문법원이 개별사례에서 기본권을 보장하고 있으며 이러한 기본권과 합치되게 판결하고 있다는 의미로서 전적으로 성공한 것으로 볼 수 있다.

되풀이해서 어떻게 헌법소원의 수數를 제한할 수 있는지를 곰곰이 생각하게 된다. 헌법소원과의 결별은 고려되지 않는다. 왜냐하면 실제로 일반시민들은 "카를스루에로 가는 길"을 너무 내실화內實化하여, 우리의 법체계에서 헌법소원을 더 이상 떼어 놓고 생각할 수 없기 때문이다. 헌법소원은 — 페터 해벌레Peter Häberle가 적절히 표현한 것처럼 — 법치국가적 민주주의로서 독일연방공화국의 진면목眞面目에 속한다. 많은 시민들이 연방헌법재판소를 입법·행정 또는 사법에 대한 불만족의 출구出口로 이용하거나 나아가 오용誤用하는 상황으로 인해, 이러한 통찰에 지장이 생기는 것은 아니다. 이것은 자유의 보장이 시민들의 신중함과 비판정신으로 전이轉移된 사실의 불가피한 결과이다.

VI. 규범통제

1. 헌법의 우위優位

어떠한 심사권의 경우에도 헌법재판소의 권한문제는 규범통제의 경우처럼 명백하지는 않나. 왜냐하면 여기에는 법률이 기본법에 모순되는 한, 의회의 법률을 무효화시킬 사법권과 의회의 법제정권 사이의 대립이 문제되기 때문이다. 사법적 규범통제는 일견一見 비非민주적으로 보인다. 왜냐하면 그러한 사법심사권은 국민대표의 우월과 관련이 있기 때문이다. 또한 이러한 사법심사권은 권력의 균형을 변화시키고 국민다수의 주권主權을 제약한다. 결국 재판관들은 국민 다수에 의해 선출된 입법자가 의결한 법률을 심사한다. 비록 그들은 국민에 의해 선출된 것도 아니고 국민에게 책임을 지지도 않지만, 민주주의가 투영된 다수결원칙을 무시한다. 왜냐하면 그들은 정기총선에서 소환될 수도 없고 그 때문에 문책을 당하지도 않기 때문이다.

그러나 독일기본법의 민주주의는 다수결원칙에만 입각하고 있는 것이 아니라, 동시에 헌법우위Vorrang der Verfassung의 원리를 통해서도 영향을 받는다. 독일기본법상의 민주주의는 국가권력이 국민으로부터 나오고, 그들이 선출한 대표자를 통해서 정치가 행해진다는 것만을 의미하지는 않는다. 민주주의에는 또한 모든 국가기관에 의무를 부과하는 기본권도 포함된다. 바이마르공화국의 실패失敗와 그에 이은 독재는 기본법의 창안자에게 민주주의는 기본권의 효력 없이 더 이상 유지될 수 없다는 사실을 가르쳐 주었다. 따라서 민주주의는 — 아하론 바락Aharon Barak이 주장한 바와 같이 — 다수결원칙과 인권과 같이 확정된 중요한 가치 사이의 신중한 조화調和이다. 독일기본법의 제정자는 그 때문에 기본권을 단지 제소할 수 있는 권능權能으로만 구상하지는 않았다. 오히려 1인 독재뿐만 아니라 다수의 독재도 가능할 수 있다는 생각으로 인해 헌법의 우위를 신봉하였다. 이는 헌법제정의회의 고유한 업적으로 여겨진다. 헌법제정의회는 기본권이 입법 — 즉 의회 —, 행정 및 사법을 직접 구속한다는 것을 분명히 하였다(독일기본법 제1조 제3항).

헌법우위憲法優位의 원리는 발전된 형식으로 북미北美 헌법사상의 산물이다. 이 원칙은 미국헌법 제6조에서 최초로 다음과 같이 명시되었다. "헌법은 … 국가의 최고법이다. 그리고 모든 주州의 법관은 여기에 구속된다Constitution … shall be the supreme law of the land ; and the Judges in every State shall be bound thereby…." 이러한 최상위법으로서의 헌법의 관념으로 위헌법률의 무효를 생각할 수 있다. 헌법우위의 사고는 헌법에 법질서의 최고권위를 부여하였다. 헌법우위의 원칙을 표현하는 것은 법규범의 우열질서에만 제한되지 않는다. 오히려 헌법우위의 원칙은 국가기관의 제도적 구조물과 서로 관련이 있다. 이 원칙의 효력범위는 이를 새로이 구성하면 분명해진다. 왜냐하면 헌법우위는 법률의 열위劣位를 의미하기 때문이다. 이는 동시에 입법자의 열위를 암시한다.

2. 심판 절차의 유형 및 요건

헌법우위의 원리가 비로소 헌법재판권과 규범통제권을 가지게 되었다는 것이 그 핵심이다. 법률이 기본법과 일치하는지 여부의 문제는 연방헌법재판소만이 결정할 수 있다. 주州 헌법재판소와 주州 헌법 위반의 관계도 마찬가지이다. 다른 법원이 자신의 재판에 문제가 되는 규범이 기본법에 위반된다고 여기는 경우에는 연방헌법재판소에 제청하여야 한다(독일기본법 제10조 제1항). 이러한 헌법재판소의 규범 폐기독점권廢棄獨占權은 의회에 대한 존중에서 부여되는 것이다. 기본법은 이러한 방식으로 개별법원이 위헌이라 여기는 법률을 적용하지 않음으로써, 연방과 주州 입법자의 의사를 무시하는 것을 방지하려고 한다.

기본법은 구체적 규범통제뿐만 아니라, 실제적인 법적 분쟁이 전제되지 않는 추상적 규범통제도 규정하고 있다. 그러한 추상적 규범통제는 연방정부, 주州정부 또는 연방의회 의원의 1/3이 요청하는 경우에 가능하다(독일기본법 제93조 제1항 제2호). 이러한 규범통제의 형식은 연방헌법재판소에 대한 많은 비평가批評家들에게 눈엣가시였다. 그러나 이것은 의회에서 패배한 권력투쟁과 정치논쟁이 너무 쉽게 헌법재판소라는 무대 위에서 소송이라는 옷으로 갈아입고 계속되는 결과를 가져왔다. 낙태형벌이 그 대표적인 사례이다. 즉 1975년뿐만 아니라 1993년에도 열세인 연방의회의 소수당은 기한조절안(임신 3개월 이내에만 임신중절을 합법화한 법안 – 옮긴이)에 대한 논쟁을 연방헌법재판소에 가져갔고, 첫 번째 경우에는 승소를, 두 번째 경우에는 일부승소를 하였다. 이때 연방헌법재판소에 쏟아진 "법관이 정치政治를 한다"는 비난은 이러한 헌법소송에서 특별한 용기를 얻었다.

추상적 규범통제를 옹호하는 것은 설득력이 없지 않았다. 왜냐하면 — 롤프 람프레히트가 적절히 지적한 바와 같이 — 잃는 것은 아무것도 없기 때문이다. 즉 위헌인 법률이 시민에게 손해를 준다면, 법원에 규범통제를 요청하거나 연방헌법재판소에 헌법소원을 제기할 수 있다. 특히 "정치적 수사修辭"에 해당하는 "카를스루에로 가는 길"이라는 위협은 설 자리를 잃고 말았다. 이는 비록 상징적象徵的이지만 의회를 강화시킨다. 왜냐하면 이러한 위협적 자세는 일반 공중公衆에게는 카를스루에Karlsruhe에서 정치가 이루어진다는 현실과 다른 인상을 주기 때문이다.

또한 헌법소원을 통해 법규범은 연방헌법재판소의 심판대 위에 서게 된다. 시민이 헌법소원을 통해 공격하는 법원의 판결이나 행정조치行政措置가 위헌으로 여겨지는 규범에 근거한다면, 이러한 권리구제의 경우에도 역시 그 규범이 심사된다. 예외적으로 헌법소원은 직접 법률에 대해서도 할 수 있다. 즉 이것은 소원청구인이 현재 그리고 직접 법률과 관련이 있는 경우에만 가능하다. 이러한 경우에 청구인에게 전문법원專門法院 재판으로의 우회로迂廻路는 수인受忍될 수 없다. 이러한 방식으로 1959년 네 명의 어머니가 부父의 결선투표에 의한 결정을 무산시킨 바 있다. 부모가 자녀의 양육과 교육의 문제에 있어서 서로 의견의 일치를 볼 수 없는 경우에, 동등한 친권親權에도 불구하고 부父가 최종결정권을 가진다는 법규정이 문제되었다. 연방헌법재판소는 부父의 최종결정권이 평등권에 위배되고, 따라서 위헌이라고 선언했다. 이러한 새로운 가족법의 규정은 발효 후 1년 만에 폐지되었다. 연방헌법재판소는 성별 간의 생물학적 혹은 기능적 차이나, 특별한 모성母性이 어느 정도의 범위에서 이러한 부父의 우선특권優先特權을 정당화할 수 있는지를 판단할 능력이 없었다.

3. 최종결정?

어떤 규범이 기본법과 일치되지 않는다면 연방헌법재판소는 이를 원칙적으로 무효라고 선언해야 한다. 그러나 입법자가 여러 가지 방식으로 그 위헌을 고칠 수 있는 경우에는 그렇지 않다. 이것은 대체로 평등원칙 위반의 경우에 그러하다. 왜냐하면 입법자는 위헌인 규범을 포기하거나 또는 지금까지의 손해를 입은 단체에게 동일한 법적 혜택을 줄 수 있기 때문이다. 연방헌법재판소가 그러한 법상태와 관련하여 그 규범을 무효로 다룬다면, 입법자의 형성적 자유를 침해할 수 있다.

연방헌법재판소가 법률을 기본법과 일치하는 것으로 또는 불일치하거나 무효로 선언한다면, 그 결정은 법적 효력을 갖는다. 이것은 위헌이나 합헌의 확정이 모든 사람들 사이에inter omnes 효력을 발생하고, 따라서 국가기관 이외에 시민도 직접 구속한다는 것을 의미한다. 이러한 경우에 결정문은 법률과 마찬가지로 연방법령관보聯邦法令官報에 공지된다. 그럼에도 불구하고 연방헌법재판소 스스로는 이러한 구속력을 통해서 확정되는 것이 아니고, 그 판례와 다른 결정을 내릴 수도 있다. 연방헌법재판소의 판결이 영구불변은 아니다. 왜냐하면 헌법재판관들은 전문지식과 판결능력 모두에 있어 단지 실수失手할 수 있는 인간이며, 피안彼岸을 부유하는 객관적 정신세계의 창조물은 아니기 때문이다. 헌법의 구속적 해석에 대한 관할권을 가진 최고법원은 새로운 결정이 요구되는 경우에 이후 부적절하다고 여겨지고 잘못된 생각에 기초한 법적 판단을 수정할 권한이 있어야 한다. 이러한 일은 종종 — 극도로 유보적이기는 하지만 — 발생한다. 왜냐하면 연방헌법재판소의 권위는 그 판례의 신뢰성에 기초하고 있기 때문이다. 연방헌법재판소 스스로는 인간의 인지력認知力의 한계를 몇몇 소수의 판결에서 대개 공개논의에 부쳐 왔다. 새로운 지식이 요구되는 사례는 낙태형벌落胎刑罰에 대한 결정이다.

1975년 그 첫 판결에서 연방헌법재판소는 헌법상 완성完成되는 생명werdendes Leben의 보호를 달리 보장할 방법이 없는 경우에, 국가에게 부여된 가장 강력한 수단으로서의 형벌권을 사용할 수 있다는 것을 제시하였다. 그 배후에는 형벌권이 가장 강력하고 동시에 효과적인 수단이라는 전제가 깔려 있다. 그러나 이러한 형벌권刑罰權의 전능全能에 대한 믿음은 오래전부터 불굴不屈의 것은 아니었다. 연방헌법재판소는 당시 높은 수치의 비공개와 관련하여 사실 형벌의 위하적威嚇的 효과에 대하여 의심을 품고 있었다. 그럼에도 불구하고 연방헌법재판소는 형벌권의 이른바 윤리지속적인 효력으로 인해 형벌의 위하적 효과를 옹호하였다. 왜냐하면 연방헌법재판소는 법적 예속이 너무 경미해서 임신중절을 법적으로 제재하지 못하는 것에 대해 도덕적으로 허용하는 쪽으로 귀결歸結될 수 있다고 생각하였기 때문이다. 그러한 형벌의 적극적 일반예방一般豫防은 기꺼이 주장되지만 입증되지는 않았다. 많은 범죄학자들은 이를 성역화聖域化하였다.

1993년 그 두 번째 결정에서 연방헌법재판소는 임신중절이 불법이며 금지할 필요가 있는 것으로 여길지라도, 위하형벌이 더 이상 헌법적으로 필요한 요청사항이라고 이해하지는 않았다. 이러한 발상의 전환은 현실적으로 위하형벌을 통한 보호가 계속해서 유효하지 않은 채 남게 된다는 판단의 결과였다. 연방헌법재판소는 "지금까지 모든 형법상 규정들의 경험은 별로 고무적이지 않았다"라는 점을 분명히 인정하였다.

연방헌법재판소는 새로운 인식과 사회적 요청에 있어서 입법자의 비판정신을 지적했다. 입법자는 연방헌법재판소가 논의 중인 법률규정을 이미 위헌이라고 결정난다고 하여 그 학구열學究熱을 잃어서는 안 된다. 왜냐하면 그렇게 하지 않는 경우 입법자가 새로운 지식과 근본적인 생활환경의 변화에 대해 무력한 것으로 판명되기 때문이다. 그 때문에 연방헌법재판소는 자신의 결정의 구속력을 상대화시키고 있다. 입법자가 "두 번째 시도"를 감행하면서, 연방헌법재판소가 새로운 입장을 도출하도록 하는 것이 확정되었다. 규범의 위헌성 판결은 입법자가 내용이 동일하거나 유사한 규범을 제정하는 것을 방해하지 않는다. 연방헌법재판소 자체에 대한 구속력이 존재하는 것과 마찬가지로, 필요하다고 여기는 유사한 의미의 새로운 규율을 제정함으로써 입법자에게 형성의 자유와 책임이 수반되는 것을 허용하지 않았다. 연방헌법재판소는 "변화하는 사회적 요청과 변화된 질서상秩序像"에 법질서를 맞추고, 법적 발전의 경직성을 예방하려는 민주적으로 정당화된 입법자의 특별한 책임으로 이를 근거 짓고 있다. 왜냐하면 입법자가 한번 연방헌법재판소의 결정에 기속되면, 이는 곧 법의 화석화化石化를 초래할 수 있고, 생활관계와 사회사상의 변천에 대해 개방되어 있지 않을 수도 있기 때문이다. 그러한 정체停滯는 민주주의의 개념과 조화되지 않는다. 왜냐하면 민주주의의 국가형태는 정체된 것이 아니기 때문이다. 민주주의 국가는 오히려 정치적 변천과정을 준비한다.

4. 법과 정치의 교차점

규범통제에 있어서 법法과 정치政治 사이의 경계의 갈등은 예정된 것이다. 이것은 헌법우위의 원리보다는 헌법텍스트의 특성과 관련이 있다. 왜냐하면 헌법우위의 원리는 사법심사권을 정당화시키지만, 판결을 통한 정치를 정당화시키지는 않는다. 기본법에 상세한 규율프로그램을 포함하도록 조치하는 것은 연방헌법재판소의 업무사항이 아니다. 연방헌법재판소에게는 단지 사법적 형식의 심판절차로 헌법을 해석하고 적용하는 한정된 임무만 부여되어 있다. 민주주의의 원리와 권력분립의 원리는 — 특히 규율필요성이 입법자에 의해 어떻게 충족되어야 하는지가 문제되는 경우에 — 연방헌법재판소에 금욕禁慾을 요구한다. 독일기본법은 — 브

룬 오토 브리데Brun-Otto Bryde가 적절히 지적한 바와 같이 — 입법자를 정치공동체 형성의 "중심적인 행위자"로 만들어 놓았다. 입법자의 행동권은 포괄적이다. 특히 입법자는 — 이미 내려진 결정을 통제하는 법원과 달리 — 스스로 활동적일 수 있다. 또한 재판관들의 관점은 개개의 신청을 통해 대칭적으로 제한된다. 이렇게 협소해진 관점에는 사회적 사실관계가 축소되어 받아들여지고, 효과문제는 간과되는 위험이 도사리고 있다. 이와 달리 입법자는 자신의 결정이 미치는 효과를 관망하고 — 바람직한 것은 아니지만 — 긴급한 경우에는 수정할 수 있다. 왜냐하면 입법자는 "자기 작품의 주인"으로 남아 있기 때문이다. 시행착오trial and error의 공리公理에 따른 이러한 행동양식은 입법자와 달리 법원에게는 인정되지 않는다. 법원은 스스로 자신의 판결을 수정할 수 없다.

다종다양한 이익이 서로 경합하는 경우에, 대의민주제의 풍습風習에 따른 상당한 조정의 시도는 폭넓은 정치적 논쟁에 맡겨 두어야 한다. 이것은 무엇보다 — 임신논쟁에서처럼 — 규범통제의 영역에서 가치충돌이 역할을 하는 경우에만 적용된다. 왜냐하면 기본법은 다원주의사회질서에 대해 결정하기 때문이다. 임산부姙産婦와 완성되는 생명처럼 기본권의 지위가 서로 충돌하는 경우에, 법률의 합헌성에 대한 판결은 단지 법인식, 즉 법적 통찰력이나 해석기술의 문제만은 아니다. 이것은 단지 옳은 판단의 문제가 아니라, 오히려 형량衡量, 즉 다면적인 가치평가의 과정이 문제된다. 많은 결정에 나타난 재판관들의 소수의견은 이러한 통찰에 대한 증거이다.

다투어지는 가치관과 관련하여, 입법자에게는 우위가 주어진다. 왜냐하면 의원들의 선출을 통해서 다양한 관점의 매우 폭넓은 스펙트럼이 보호되고 있기 때문이다. 이것은 의회의 작품에 대해 의회작업의 세심함과 합리성을 무용無用으로 만드는 것을 원치 않기 때문에 유보적 입장을 강요하고 있다. 최소한 이것은 의회에게 규율내용을 미리 정하는 것을 포기하도록 요구한다. 왜냐하면 그러한 행동양식은 의회를 감독할 뿐만 아니라, 이는 결국 마지못해 이해하고 타협을 구하도록 하고 있기 때문이다. 이러한 행동양식은 오히려 모든 정치논쟁을 "카를스루에로 가는 길"로 이르도록 위협하는 것에 추진력을 가하고, 그러한 통찰을 통해 의회의 결정과정에서는 소수자로만 남게 된다.

연방헌법재판소는 이러한 권고勸告를 항상 따르지는 않았다. 2000년에는 연방헌법재판소가 점점 눈에 띄게 정치권을 다루고 있다는 비판을 되풀이해서 받았다. 혹자는 제2재판부의 "가부장적家父長的인" 태도를 꾸짖었고, 다른 혹자는 정치인들이 매우 분노하여 다툼으로 분열되는 경우에, 이것을 스스로 해결하기 위해 카를스루에로 몰고 가는 것에 거부감을 가지는 것이 눈에 띄게 늘고 있다고 불평하고 있다. 이와 관련하여 임신중절, 독일연방군의 해외파병에 대한 판결과 재산세 및 가족관계의 종료에 대한 결정이 언급되고 있다.

이러한 질책들이 개별적인 경우에도 타당한지는 확실하지 않다. 하여간 에른스트 볼프강 뵈켄푀르데Ernst-Wolfgang Böckenförde는 일리一理 있게도 자신의 최후 이견異見표명에서 동료들에게 상세한 규율프로그램의 지침에 의해 재판소에서 실패를 되풀이할 위험성을 방지할 것을 경고하였다. 연방헌법재판소는 정치를 부양하는 교육자로서 행동하여서는 안 된다. 왜냐하면 연방헌법재판소가 헌법지침의 그물을 점점 빈틈없이 엮을수록, 의회의 행동 여지는 단단히 얽히게 되어 정치적 상상력도 마비되기 때문이다. 연방헌법재판소는 국가권력의 분립과 조정에 관해 헌법에 주의를 기울이고, 고유한 책임영역의 한계를 꼼꼼히 고려해야 한다. 왜냐하면 그래야만 기본법의 헌법질서를 징표하고 있는 정치적 자율自律과 사법통제의 상호작용성과 대향성對向性이 잘 기능하기 때문이다.

Ⅶ. 기관쟁송機關爭訟

연방헌법재판소는 동시에 헌법기관 간의 권한쟁의를 조정하는 임무를 가진 국사재판소國事裁判所이다. 정치적으로 보면 권력다툼이 문제이지만, 사법적司法的으로 보면 권리와 의무에 대한 의견차이에 관한 문제이다. 연방헌법재판소는 이의가 제기된 행정조치나 일정한 행위의 부작위가 기본법과 일치하는지의 정보를 요청하기도 한다. 그러면 기본법이나 연방의 상급기관의 사무규칙에 의해 자신의 권리가 부여되는 연방대통령, 연방의회, 연방참사원이나 연방정부 또는 기타 이해관계인 등의 연방기관이 그러한 정보를 제공할 수 있다(독일기본법 제93조 제1항 제1호). 그러나 원내교섭단체Fraktion와 같은 연방기관의 일부도 신청권을 가진다.

따라서 사회민주당(SPD)이나 자유민주당(FDP)의 연방원내교섭단체들은 1992년과 1993년에 소말리아, 지중해 그리고 보스니아 헤르체고비나에 연방군을 파병하는 것과 관련하여 연방정부에 대해 기관쟁송절차를 개시하였다. 그들은 연방군이 유엔평화유지군(PKO)에 참여하는 것이 연방의회의 권리를 침해하는 것이라고 생각하였다. 1994년 연방헌법재판소는 집단안보체제의 영역에서 무장병력의 투입이 헌법적으로 허용된다고 결정하였다. 동 재판소는 연방정부와 연방의회의 권한의 경계를 설정하고 기본법으로부터 의회유보Parlamentsvorbehalt를 도출하였다. 이에 따라 연방정부는 모든 무장병력의 투입에 대해 원칙적으로 사전에 연방의회의 동의를 받을 의무를 지게 되었다. 왜냐하면 기본법은 – 연방헌법재판소가 지적하고 있는 바와 같이 – 병력을 단지 집행권만의 잠재적 권력으로 남겨 두지 않았기 때문이다. 오히려 군軍에 대한 헌법규정은 의회에 전투력 투입과 구축에 대해 법적으로 중요한 영향력을 미칠 수 있도록 보장하고 있다.

기본법의 몇몇 조항의 정신에서 나오는 의회유보이론議會留保理論을 구성한 것은 연방헌법재판소가 의회에 제대로 남겨 놓은 대범한 조치로 여겨진다. 결국 연방의회의 두 원내교섭단체는 연방헌법재판소에 제소했고 정당의 타협가능성을 확신하지 못했다. 그들은 독일연방군의 해외주둔의 합헌성에 대해 국제정치적 변혁의 관점에서 일반시민들 사이에서뿐만 아니라 헌법학계에서도 뜨거운 논란이 되고 있다는 사실에 직면하였다. 나토(NATO)의 조기경보체계(AWACS) 결정은 논란이 되고 있던 헌법문제에 있어서 법적 명확성과 법적 안정성을 창출하였고, 이로써 평화를 구축하게 되었다. 특히 그 때문에 조기경보체계 결정은 계속해서 승인되었다.

또한 기관쟁송과 관련해서 연방과 주州가 그 권리·의무를 다투는 연방제聯邦制에 대한 다툼도 언급된다(독일기본법 제93조 제1항 제3호). 기본법의 제정자는 공동체의 연방국가의 구성이 항상 중앙의 연방권력과 주州 권력 사이에 의견대립의 가능성을 내재하고 있다는 것을 예상하였다. 그에 따르면 헌법재판의 중요한 과제 중의 하나는 주州의 불복종과 간섭으로부터 중앙권력을 보호하고, 또한 역으로 주州를 중앙권력의 간섭으로부터 보호하는 것에 있다.

1960년대 초 국영방송國營放送을 내보내려는 연방정부의 권한에 대해 연방헌법재판소에 제기된 분쟁은 연방제聯邦制 소송의 대표적 사례이다. 독일연방공화국의 4개 주州는 그들에게 텔레비

전과 방송의 내용상·조직상 형성권이 있음을 이유로 연방정부를 상대로 독일방송공사Deutschland-Fernseh-GmbH를 설립할 수 있는 권리를 다투었다. 연방헌법재판소는 4개 주州에 그 권리를 인정하여 주었고, 독일방송공사를 설립하려는 연방은 기본법의 권한 규정에 위배된다고 결정하였다. 연방헌법재판소와 연방방송의 후원자인 아데나워 수상 사이의 그렇지 않아도 긴장된 관계는 이 판결로 인해 계속 악화되었다. "판결이 자신의 정치구상에 맞는지 여부에 의해 진정한 법法의 표현이라고 축하받거나 불법이라고 비난받는 것"은 연방헌법재판소가 처음 겪는 일은 아니었다(에른스트 프리젠한).

연방헌법재판소에 대한 이러한 공격은 연방정부 측에서도 — 당시의 연방헌법재판소 소장이었던 겝하르트 뮐러Gebhard Müller가 사법적 결정이 적개심敵愾心에 의해 영향을 받았다는 부적절한 비판과 질책을 철회시키기 위해 일반시민들에게 호소할 정도로 부분적으로는 그렇게 중상모략이었다. 그는 동시에 모든 사람에게 이 경우 연방헌법재판소의 결정을 비판하고 잘못된 것으로 여길 수 있는 입장에 서 있음을 강조하였다. 연방헌법재판소의 입지는 독일방송에 대한 투쟁을 통해 점차 강화되었다. 그것은 최고의 용기 있고 정치적 권력관계에 개의치 않은 판결이었다. 이는 특히 일반시민의 지원 덕택이었다.

그러나 운이 좋았던 그 힘겨루기뿐만 아니라 특히 그 헌법적인 판단은 이러한 결정을 전환점轉換點으로 만들었다. 연방헌법재판소는 이 판결에서 — 주州정부와 연방정부의 분별력 없는 관계를 통해 도전받았던 — 역사적으로 전래되어 온 친親연방적 행위에 뚜렷한 윤곽을 설정하여 주지 않았다. 그 결정은 특히 독일의 방송질서에 지침指針이 되었다. 연방헌법재판소는 방송국의 개국이 공적 임무를 띤 것으로 보았다. 왜냐하면 방송은 "대중매체" 이상이며, 즉 여론형성의 중요한 "요소要素"이기 때문이다. 방송국의 수數는 거대한 재정비용, 기술적 이유에서 비교적 적게 유지되어야 하기 때문에, 의사의 자유와 다양성을 보장하기 위해서 조직적인 보호 장치가 필요하다. 내용적 균형, 객관성 및 양측면의 고려가 보장되기 위해서, 모든 사회세력이 영향력을 행사하고 발언기회를 갖는 것은 보호되어야 한다. 명언名言!

Ⅷ. 위헌정당금지違憲政黨禁止

바이마르공화국의 실패失敗의 느낌 때문에 기본법의 창안자는 민주주의의 적敵에 대항할 수 있는 방어가능성을 모색하였다. 위헌정당의 금지는 이를 위해 고안된 도구의 하나이다. 그 당시의 바이마르공화국헌법에 그러한 가능성이 이미 있었는지는 확실하지 않다. 연방헌법재판소에 관련된 기본법과 법률에는 민주주의사회에서 정당의 자유의 한계를 표시하려는 노력이 있었다. 위헌정당금지가 정치적 논쟁의 자유를 제약하는 위험성Risiko을 갖고 있는 한, 이것은 시급時急한 과제이다. 특히 이러한 도구는 정적政敵에 대한 투쟁도구로서 오용誤用될 위험과 조우遭遇할 수 있다. 이러한 위험은 다음의 두 가지 방식으로 차단될 수 있다. 즉 한편으로는 금지요건의 제한적 해석을 통해, 또 다른 한편으로는 엄격한 사법형식의 심판절차를 통해 이러한 위험을 막을 수 있다.

독일기본법 제21조 제2항에 따라 정당은 그 목적이나 그 정당원의 행위가 독일연방공화국의 존속을 위협하거나 자유민주적 기본질서를 침해하거나 배제하는 것이면 위헌으로 결정될 수 있다. 연방의회, 연방참사원 또는 연방정부는 — 의무에 적합한 정치적 재량에 따라 — 위헌정당제청절차를 개시할 수 있다. 연방헌법재판소만이 거기에 대해 결정할 권한을 가진다. 또한 하나의 정당은 최고법원에 의해 위헌으로 선언되고 금지되지 않는 한, 정치적으로 투쟁할 수 있을 뿐만 아니라 정치활동이 제약되어서는 안 된다. 이는 헌법적대적으로 간주된 정당이 아직 금지선언이 없다면, 공개장소에서 시위示威를 할 수 있으며 집회보호와 기타 정당에 부여된 특권을 요구할 수 있다는 것을 의미한다.

연방헌법재판소는 창립 후 처음 5년 동안에 두 번 위헌정당해산절차를 행할 기회를 가졌다. 연방헌법재판소는 1952년에 사회주의제국당Sozialistische Reichspartei, 1956년에 독일공산당獨逸共產黨을 위헌 선언하였고 해산시켰다. 이 판결들은 바이마르공화국 시절의 민주주의의 좌절과 국가사회주의國家社會主義 시절의 법의 변질變質에 대한 연방헌법재판소의 응답應答으로 간주되고, "방어적防禦的 민주주의streitbare Demokratie"라는 개념하에 강조되는 헌법요소는 기꺼이 독일연방공화국의 정치문화의 내용으로서 요구되었다.

연방헌법재판소는 자유민주적 기본질서를 "모든 권력 및 자의적恣意的 지배를 배제하고 법치국가적 지배질서를 국민의 자기결정에 기초하여 각각의 다수의 의지와 자유·평등에 따라 나타내는" 질서라고 표현하고 있다. 민주국가에서 이러한 정당의 특별한 의미는 "정당이 헌법의 개별규정, 헌법의 전체 제도를 합법적인 수단으로 다투는 경우가 아니라, … 최고의 가치를 흔들려고 하는 정당을 정치생활에서 배제시키는 것"을 정당화하는 것이다. 이러한 근본원리에 속하는 것은 적어도, "기본법에 구체화된 인권의 존중, 특히 생명과 자유로운 발현에 대한 인격권, 국민주권, 권력분립, 정부의 책임성, 행정의 적법성, 법원의 독립성, 다수당의 원리 및 야당의 합헌적인 설립과 행동권을 가진 모든 당의 기회균등"이다.

연방헌법재판소는 동시에 자유민주주의의 기본요건으로서 대립하는 사회적 이익과 정치사상 및 이를 주장하는 정당 사이의 지속적인 정신적 논쟁이 국가의 의사형성의 올바른 길이라는 점을 강조하고 있다. 왜냐하면 지속적인 상호통제와 비판은 "국가에서 영향을 미치는 정치세력 사이의 합일合一과 조정으로서 (상대적으로) 정당한 정치적 지침"을 가장 잘 보장해 주기 때문이다. 위헌정당금지에 깔려 있는 자유보장의 한계는 모든 정치적 가치관에 대한 관용寬容과 특정한 불가침의 국가질서의 기본가치에 대한 신봉信奉 사이의 합일점을 찾으려는 기본법의 노력으로 정당화된다. 특히 독일공산당 판결이 주는 의미의 함축성에 대해서는 많은 논란이 있었다. 독일공산당에 대한 투쟁은 그 정당의 실제적 위험성과는 거의 관련이 없다. 단지 5년 동안의 연방헌법재판소의 소송기간과 재판장이 당시 연방수상이던 아데나워를 방문한 사실이 위헌정당금지의 정치적 합목적성에 대한 재판관의 의구심疑懼心을 암시하는 것은 아니다. 아마도 일부 헌법재판관들은 그 논쟁을 정치세력과 유권자有權者의 자유로운 선택에 맡겨 두는 것이 보다 현명하다고 여겼을 것이다. 그들은 이미 이를 명백히 밝히고 있다. 왜냐하면 첫 번째 연방의회선거에서 독일공산당은 전체 투표수의 5%를 넘겼으나, 1953년 두 번째 선거에서는 단지 2%만을 얻었기 때문이다. 이로써 사상의 자유에 기초하고 있는 민주주의에 있어 최후수단인 위헌정당금지가 대체로 적절한 비례관계에 서 있는가 하는 문제가 제기되었다. 그러나 이러한 수치數値들은 동독시절 구舊 소련과 독일사회주의통일당(SED)의 정치권이 당시 서독의 청년자민당junge Demokratie에게는 위험하다고 체험한 것을 반박反駁하지는 못한다. 결국 철의 장막은 분단독일分斷獨逸의 한 가운데를 관통하고 있었고, 그 서쪽(서독 — 옮긴이)은 특히 1950년대에 침략되고 공격받기 쉬운 곳으로 여겨졌다.

또한 기본법의 이러한 도구의 경우에 어느 정도의 범위에서 그러한 해석 · 적용이 현대사적으로 제한되고 있으며, 많은 정치적 · 사회적 요소에 기속되고 있는지를 보여 준다. 심판대 위에서 있는 정당의 과격성과 잠재적 권력만이 일정한 역할을 하는 것은 아니다. 국가제도의 안정성과 내적 독립성, 의회민주주의에 대한 시민의 만족도, 그리고 지정학적 위치는 위헌정당금지의 찬반 논의에서 숙고해야 하는 관점 중의 일부에 불과하다. 특히 1933년에서 1945년 사이의 역사적 사건은 오늘날 자유민주주의적 법치국가의 보호필요성을 숙고熟考함에 있어 부정적인 연결점이 되었다.

Ⅸ. 판례의 수용

1. 연방헌법재판소의 통합력

일반론에 따르면 연방헌법재판소에는 평화중재의무가 부여되어 있다. 연방헌법재판소 스스로는 그 첫 번째 판결에서, "판결을 통해 헌법을 발전시키고 미래에 대한 법적 평화를 보장"하는 것이 자신의 특별한 기능에 상응하고 있다는 것을 확정했다. 연방헌법재판소의 통합력은 정치적 합의와 세계관에 대한 관용을 위한 사회의 능력을 통해 성공하기도 하고 실패하기도 한다. "사회가 스스로 더 이상 타협할 능력이 없으면 … , 연방헌법재판소의 판결에 따라 평온이 찾아온다"는 희망 역시 사라진다. 연방헌법재판소는 자신의 결정에 복종과 존경을 얻기 위해 어떠한 힘의 수단을 사용하는 것은 아니기 때문에, 로만 헤르초크Roman Herzog

가 지적한 바와 같이 다른 모든 국가기관들보다 시민들의 이해와 평상심平常心에 의탁하고 있다.

큰 물의를 일으키고 논란이 되는 결정을 선고하는 것에 적절한 거리를 둠으로써 연방헌법재판소에 통합력을 인정하고 있다. 이는 특히 독일의 통일에서 나온 헌법문제와 관련하여 연방헌법재판소의 판례에도 적용된다. 그 사례로는 선거협약選擧協約, 동독 스파이의 형사처벌가능성 및 장벽障壁에 대한 폭력행위, 연금양도年金讓渡, 공공근무에 편성되기 전 구舊 동독 엘리트들의 신뢰성 심사에 대한 결정들이 있다. 1990년 선거협약 결정에서 연방헌법재판소는 저지沮止조항Sperrklausel(선거에서 군소정당의 난립을 억제하기 위해 일정수 이상의 득표율이나 당선자를 낸 정당만 의석배분에 참여케 하는 제도 — 옮긴이)이 선거평등의 원칙과 합치되는지 여부가 단연코 추상적으로 판단될 수 없다는 입장에서 심리를 주재할 수 있었다. 오히려 연방헌법재판소는 이를 적용하려는 주州와의 관계가 고려되어야 한다고 판시하였다. 첫 번째 독일 선거는 특별한 상황하에서 이루어졌기 때문에 5% 저지조항의 불변의 적용가능성이 허용되지는 않았다. 연방헌법재판소는 이러한 방식으로 정당이 단기간에 확장된 선거지역으로 진입해야만 하는 상황을 고려하였다. 독일사회주의통일당의 독재시절 몇몇 정치결사가 조직을 가능하게 하는 시설을 이용할 수 있었던 반면, 다른 단체들은 그들이 몰락한 후에야 비로소 조직하고 정치활동을 할 수 있었다. 그 때문에 첫 번째 독일총선에서 유일하게 통합선거統合選擧 · 분리개표分離開票라는 원칙이 적용되었다.

연방헌법재판소는 되풀이해서 독일통일의 법적 문제와 규율장치를 논의하였다. 왜냐하면 정치권은 — 상황에 적합한 현실상 없이 — 전통적인 도구만을 가지고 완전히 새로운 사안에 대응하려고 했기 때문이다. 새로운 법칙을 도입하려면 한 사회에 정주定住하는 법을 인식해야 한다는 오래된 법사회학적 인식이 간과되었다. 정치가 국내 · 외 정치상황과 관련하여 특별한 결정의 압력하에 놓여 있다는 것이 망각되어서는 안 된다. 1990년 유일한 상수常數는 서두름이었다. 연방헌법재판소는 자신의 결정에서 또다시 동독정권의 구舊 엘리트들에게 법치국가적 보호를 면밀히 고려해야 한다는 점을 분명히 하였다. 그러나, 동독독재정권의 희생자들은 특히 이러한 지침들을 받아들이기가 매우 어려웠다. 물론 1989년 이전에나 꿈꿔 볼 수 있었던 지금의 법적 보장이 오늘날 옛 동료들에게도 유용하다는 것은 동독정권의 희생자들 스스로를 화나게 만들었다. 그러나 "네가 나에게 그런 것처럼, 나도 너에게 그렇게Wie du mir, so ich Dir"라는 원칙에 따른 타락墮

落해 버린 법치국가는 여기서 스스로 포기되었다. 전제적 지배하에서 불법不法은 제한적으로만 조정될 수 있었다. 40년의 법현실이 단순히 "재청산再淸算"될 수는 없다. 마찬가지로 이는 대규모로 위법하게 침해된, 특히 생명·건강·자유와 직업적 출세의 인격적 법익法益과 관련하여 유효하다.

2. 분쟁과 합의

그러나 연방헌법재판소는 1990년대에 또한 비판과 저항의 절정絶頂을 경험했다. 통일조약統一條約을 따름에 있어 연방헌법재판소의 판결 중 어떤 판결은 평화를 중재하지 못하였다. 구舊 소련점령지역하의 공용수용公用收用의 문제영역에 대한 판결은 예외로서 언급되었다. 이 판결들은 연방헌법재판소 재판관들에 대해 인격적이고, 공격적이며, 종종 명예훼손적인 공격을 위한 고갈되지 않는 — 일반시민들에게는 대체로 눈에 띄지 않는 — 원천이다. 일반시민들의 비판의 중심에는 특히 1995년과 1996년 연방헌법재판소 제1재판부의 십자가상Kruzifix 결정, "군인은 살인마殺人魔이다" 결정 및 의석봉쇄 결정이 있었다. 제2재판부에서는 점증하는 전문가의 비판과 그 후에 일반인에 의한 비판으로

이어진 대마大麻Cannabis, 동독스파이, 재산세 결정이 언급되었다. 드물지만 어떤 항의는 십자가상 결정이나 군인 결정에 의한 항의처럼 집단적이고 공격적으로 촉발되었다. 독일의정사獨逸議政史상 처음으로 여당與黨이 연방헌법재판소의 결정, 즉 "군인은 살인마이다" 결정과 거리를 두기 위하여 논의를 시작하였다. 십자가상 결정은 바이에른Bayern 주州나 그 밖의 곳에서도 압도적으로 많은 사람들이 이해할 수 없는 결정이자, 인구의 상당부분의 종교적 감정이 간과된 결정으로 언급된다. 카를스루에에서의 황혼黃昏의 예언과 요지부동으로 보이는 연방헌법재판소의 통합능력 상실에 대한 비난은 섣부른 것이었다.

만약 연방헌법재판소가 분쟁을 권위적으로 끝내는 대신, 비록 원하지 않는다 하더라도 이를 정말 정당하게 자극할 수 있다면, 연방헌법재판소는 질서유지의 임무를 상실하게 되는가? 아니면 기본권보호가 옹호되는 경우에 연방헌법재판소는 분쟁을 들을 수 있고 볼 수 있도록 만들어야만 하는가? 사회에서 합의를 도출하는 것은 연방헌법재판소의 주된 임무가 아니며, 아마도 사회에 생산적인 동요를 해소할 의무도 연방헌법재판소에 부여되어 있지 않을 것이다. 연방헌법재판소의 사명은 사회적 평화가 아니라 헌법의 존중이다. 그 밖에 연방헌법재판소의 결정이 통합적으로 작용하고 사회적 단합을 촉구한다면, 이로써 확실히 만족스럽고 연방헌법재판소에게는 영예榮譽가 되는 부수적 결과가 나타날 것이다. 그러나 연방헌법재판소의 일차적 임무는 헌법을 해석하고 적용하고 실현하는 것이다. 연방헌법재판소는 "국민國民의 이름으로" 결정한다. 이것은 연방헌법재판소가 헌법을 이해함에 있어 국민 다수의 의지에 정향定向되어야 한다는 것을 의미하지는 않는다. 헌법재판에 있어 여론조사輿論調査는 구매자가 없다. 판결형식은 누구로부터 사법적 권위가 도출되는지를 명확히 할 뿐이다.

연방헌법재판소 결정의 수용에 대한 논쟁은 때때로 불가피하다. 그것은 특히 다수에 의해 다르다고 믿거나 생각되고, 또 취급되는 인간의 헌법상의 권리가 심판대 위에 서는 경우에 발생할 수 있다. 소수자보호가 문제되는 경우에 공중公衆의 항의나 분쟁의 예상이 재판소에 유보할 의무를 부과하지는 못한다. 반대로 연방헌법재판소는 그러한 경우에 국민의 다수의지에 맞설 수 있다. 헌법재판관들이 정치권의 지침이나 일반여론을 통해 압력을 받지 못하도록 하기 위해서는 그들에게 사법권독립이 보장되어야 한다.

3. 수용受容으로 가는 길

그러나 연방헌법재판소 결정의 구속력과 정당성이 또한 시민의 동의에 구속되지 않는다고 하더라도, 연방헌법재판소는 법에 대한 그들의 견해에 대해 무관심할 수는 없다. 왜냐하면 처음부터 노력하지 않아 전체 시민의 이해를 얻지 못하면, 시민들은 점차적으로 법에 대하여 낯설게 되고 연방헌법재판소와 판례에 등을 돌리기 때문이다. 이러한 무관심이 확대되고 심화될수록 연방헌법재판소의 권위, 그리고 아마도 기본법의 권위도 함께 손상당하게 될 것이다. 민주주의사회에서 시민들은 연방헌법재판소가 다른 의견에 대해서도 논의하고, 연방헌법재판소의 견해의 전제조건도 열어 두며, 연방헌법재판소의 결정이 이해될 수 있도록 논거論據를 제시할 것을 고대할 수 있다. 연방헌법재판소는 자신의 결정이 어떠한 헌법적 기본가치를 도출하고, 어떠한 사회적 요청을 결정하고 있는지를 이해할 수 있도록 숙고熟考하여야 한다. 이는 특히 대단히 논란이 되는 결정에 있어서 분쟁의 모든 이해관계인이나 관심이 있는 사람들이 동일한 정도로 만족할 수 있도록 하는 경우에 그 의미가 있다.

연방헌법재판소는 특히 사회를 분열시키는 헌법논쟁에서 설득력 있는 결정을 이끌어 내기 위해서 모든 수단을 사용해야 한다. 연방헌법재판소는 구두변론口頭辯論과 이해관계인과 사안에 관심 있는 단체의 청문聽聞에 대해 스스로의 입장뿐만 아니라, 사회적 분쟁의 소재나 이와 관련된 헌법문제에 대한 일반시민들의 예민함에도 촉각을 곤두세워야 한다.

연방헌법재판소는 사회적 배경의 면밀한 분석을 통해 대립하는 이익을 조정할 수 있는 해결책을 가지고 사건을 처리하려고 노력한다. 나아가 구두변론을 통해 해결된 대중매체에서의 찬반 논쟁은 다원주의사회에서 여론에 대한 가치 있는 논거만을 제공하지는 않는다. 언론·방송 및 텔레비전에서의 논쟁거리는 정보제공, 찬반주장의 반영, 그리고 동시에 분쟁이 모든 이해관계인이 만족할 수 없는 결정을 충분히 납득할 수 있게 하는 기고문을 통해 해명될 수 있다.

4. 비판

독재獨裁는 박수갈채를 조성하지만, 민주주의는 비판을 조성한다(레이몬트 아론)는 시각에서, 모든 공공기관은 비판적인 반대의견을 수용해서 이를 논의하여야 한다. 이는 점차 연방헌법재판소에 대해서도 적용되고 있다. 왜냐하면 연방헌법재판소의 구성원에게는 정치인과 달리 정기적으로 돌아오는 선거選擧에서 책임을 물을 수 없기 때문이다. 연방헌법재판소는 그가 결정해야 할 문제의 다면성과 그 결정의 광범한 효과 때문에, 일반시민뿐만 아니라 모든 법조인의 비판적인 사고도 주목해야 한다. 왜냐하면 전문법원, 행정부, 변호사회는 연방헌법재판소의 지침을 실무로 전환하고, 이때 종종 우선적으로 그 사법적 정밀작업을 수행해야 하기 때문이다. 매우 중요한 것은 연방헌법재판소가 의도하거나 내린 결정決定이 전통적인 법체계에 합치되는지, 정치적 체계와 조화를 이루는지, 사회적 현실을 고려하고 있는지 여부에 관한 학계學界의 정보제공이다. 헌법재판 임무가 지닌 정치성 때문에 정치학·사회학과의 비판적 대화는 법학과의 대화만큼이나 중요하다.

연방헌법재판소는 기본법 해석의 문제에서 최종결정권을 가지기 때문에, 일반시민들의 통제, 특히 매스미디어의 통제도 반영한다. 연방헌법재판소 재판관 중의 한 사람이었던 빌리 가이거Willi Geiger는 헌법재판관을 정치문제와 국가발전에 참여하는 공복公僕으로 묘사하였다. 헌법재판관이 살고 있는 사회의 현상은 그에게 낯설지 않아야 한다. 그 때문에 헌법재판관들은 1966

년 연방헌법재판소의 슈피겔 결정Spiegel-Urteil에서 매우 웅변적으로 스케치한 다양한 언론 활동의 수신인受信人이다.

> "… 시민들이 정치적인 결정을 내려야 한다면 포괄적으로 정보를 제공받아야 하나, 또한 다른 사람들이 만든 의견을 알아야 하며 서로 비교형량比較衡量을 할 수 있어야 한다. 언론은 이러한 지속적 토론을 멈추지 않는다. 그러나 언론은 정보를 창출하고 스스로의 입장을 취하며 향도적嚮導的 세력으로서 공개논쟁에 붙인다. 언론에는 여론與論이 기사화되나, 논쟁은 찬반논의로 쟁점이 분명해지고, 뚜렷한 윤곽을 얻어 시민에게는 판단과 결정을 쉽게 하도록 만든다. 대의민주주의에서 언론은 동시에 국민과 그들이 선출한 의회 및 정부대표 사이를 항시 연결하고 통제하는 기관으로서 남아 있다. 언론은 사회와 그 집단에서 끊임없이 형성되는 여론과 요구를 비판적으로 종합하고, 토의討議에 붙이며, 이러한 방식으로 그 결정을 개별문제에서도 계속해서 국민이 사실상 주장한 의견의 척도로 평가할 수 있는 해당 국가기관에 제시한다."

연방헌법재판소와 매스미디어 사이에는 다양한 관점에서 결실이 있는 상호관계가 존재하고 있다. 매스미디어는 연방헌법재판소를 통한 언론의 자유의 보호에 대해, 정보와 비판적 반론反論

뿐만 아니라 특히 비판적인 충성심으로 화답和答한다. 동유럽에서 완성되고 있는 민주주의에 대해 한번 살펴보면, 최근 설립된 헌법재판소가 정치권과 공권력을 가진 옛날의 당간부黨幹部에 대해 자유언론自由言論이 작동하고 있음을 주장할 수 있다는 것은 분명해진다. 연방헌법재판소가 자신의 결정에 대한 대논쟁에도 불구하고 붕괴되지 않은 것은, 모든 판례비판에 대해 헌법재판제도의 보호를 위해 항상 감시의 눈초리를 유지하였던 용감한 저널리스트들의 공로功勞 덕분이다.

Ⅹ. 유럽에서의 기본권보호

연방헌법재판소는 자신의 기본권침해를 방어하려는 연방시민을 위한 유일唯一한 도피처도, 마지막 도피처도 아니다. 일정한 요건하에 연방시민들은 자신의 주州 헌법재판소와 스트라스부르Strasbourg의 유럽인권법원Europäischen Gerichtshof für Menschenrechte에 제소提訴할 수 있다. 그러나 그들의 기본권보호는 또한 룩셈부르크Luxemburg에 소재하는 유럽사법재판소(EuGH)Gerichtshof der Europäischen Gemeinschaft를 통해서도 가능하다. 독일시민은 말하자면 각각 주州헌법, 독일기본법, 유럽인권협약과 — 미래의 — 유럽연합Europäische Union의 기본권헌장基本權憲章을 통해 구분되는 네 개의 기본권 범주範疇 속에서 살고 있다. 시민들은 삼중三重의 기본권보호는 아닐지라도 적어도 이중二重의 기본권보호를 향유한다. 왜냐하면 독일연방공화국의 다수의 주州가 시민들에게 헌법재판소뿐만 아니라 이러한 헌법재판소로 가는 소원訴願의 길을 열어놓고 있기 때문이다. 유럽이사회 회원국들은 인권협약에 따라 회원국시민들이 제소할 수 있는 유럽인권법원을 설립하였다. 유럽연합의 유럽공동체법원은 헌법재판의 방식을 사용한다. 유럽연합시민의 기본권보호와 관련이 있는 한 유럽공동체법원은 지금까지 유럽인권협약과 회원국의 헌법관습에 정향定向되어 있었다.

국내공동체, 유럽공동체와 유럽이사회의 차원에서 서로 다른 재판권의 상호작용은 갈등이 없지 않았으며, 특별히 쉽게 파악할 수도 없었다. 많은 권한규정은 시행착오施行錯誤의 공리公理에 따라 발전되고 수용되었다. 그럼에도 불구하고 누가, 무엇을, 어떤 척도에 따라, 어떤 권위와 효과를 가지고 결정할 수 있는가에 대한 대강의 정보를 얻을 수 있었다. 관심은 연방헌법재판소에 대한 다른 재판권의 관계에 집중되었다.

1. 주州 헌법재판소

구舊 서독시절에 대체로 잠재적으로 활동하던 주州의 헌법재판은 독일통일로 인해 급부상急浮上하게 된다. 독일역사의 이러한 전환점轉換點은 — 성장을 통한 5개의 새로운 주州 — 연방제적 사고를 위한 추진력으로서만 나타나지는 않는다. 독재의 구속에서 벗어나 민주주의의 풍습이 채워진 구 동독의 시민들은 매우 자신감 있게 기본권의 카탈로그뿐만 아니라, 헌법재판의 계속적 확대를 가져 온 헌법문서憲法文書를 작성하였다. 새로 편입된 주州 헌법의 제정자는 가능한 범위 내에서 자신의 주州에 헌법재판에 의한 기본권보호를 실현시키려고 하였고, 예외 없이 헌법소원도 도입하였다. 이러한 움식임에 따라 구舊 동독의 몇몇 주州는 마찬가지로 주州 차원에서 기본권보호를 개선하였고, 이것은 호르스트 드라이어Horst Dreier 교수가 언급한 진정한 "동부東部의 비약飛躍 Aufschwung Ost"이라고 표현될 수 있다.

헌법을 제정하고 헌법재판을 창출하며 시민들이 기본권보호의 도구를 사용할 수 있도록 하는 고권Hoheit은 그 고유한 국가성國家性에서 나온다. 설사 이러한 모든 주州 헌법이 기본권 카탈로그를 알지 못한다 하더라도, 독일연방공화국의 모든 주州는 헌법을 갖는다. 슐레스비히 홀슈타인Schleswig-Holstein을 제외한 16개의 주州는 헌법재판소를 설립했다. 주州 헌법재판소는 매우 다양한 권한을 가지고 설치되었다. 단지 10개의 주州만이 시민들에게 헌법소원의 가능성, 즉 자신의 주州에서 기본권보호의 가능성을 열어 놓고 있다.

연방헌법재판소가 기본법Grundgesetz의 도움으로 공권력의 행사를 심사하는 반면, 주州 헌법재판소의 척도는 주州 헌법의 기본권이다. 그 심사 대상은 주州 국가권력의 행위이다. 주州 헌법의 권리구제수단이 부종적附從的, 즉 연방헌법재판소에 권한이 없는 경우에만 허용되는 것이 아니라면, 양 헌법재판은 독립적으로 병존한다. 자신의 주나 다른 주의 헌법재판소의 결정과 다른 결정을 내리려고 하는 경우, 상이相異한 기본권해석의 위험에 대처하기 위해 기본법은 주 헌법재판소에 연방헌법재판소의 결정을 따르도록 요구하고 있다(독일기본법 제100조 제3항).

새로이 탄생된 헌법재판소는 적지 않게 헌법의 제정자임을 자각하고 있으며, 헌법소원의 도구를 기꺼이 사용한다. 베를린Berlin 주 헌법재판소의 호네커 결정Honnecker-Beschluss은 기폭제 역할을 하였다. 연방헌법재판소는 각각의 경향을 저지하는 것이 아니라 오히려 그것을 건설적인 협력의 정신으로 기꺼이 받아들이려고 하였다. 작센Sachsen 헌법재판소의 선례를 근거로 연방헌법재판소는 주 법원을 통한 연방 절차법의 적용, 즉 법원의 결정이 주 헌법상의 기본권과 서로 일치하는지를 검토하는 것이 주 헌법재판소에 허용된다고 결정했다. 물론 이것은 독일기본법상의 기본권과 내용이 일치하는 기본권이 문제가 되는 것을 그 전제로 한다. 이러한 주州 헌법과 연방헌법의 이중적 구속은 단지 이론적인 특성일 뿐만 아니라 오히려 기본권보호를 배가倍加한다. 서로 다른 법원法源에서 나오는 – 비록 내용이 동일하다 하더라도 – 기본권 실현에 대해서는 서로 다른 공권력의 주체에게 책임이 있다. 연방과 주에서 대등하게 보호하고 있는 기본권에 대해 연방과 주가 이를 각각 보호한다면 그 권리보호는 두 배가 될 것이다. 연방헌법재판소와 달리 주 헌법재판소가 심판회부절차審判回附節次를 두지 않는다면, 특히 주州의 헌법소원의 성공전망은 호전될 것이다.

2. 유럽인권법원

1959년 인권법원人權法院의 설립으로 역사상 최초로 인권보호를 위한 국제적 독립기관이 탄생되었다. 인권법원은 오늘날 41개 회원국의 8억의 잠재적 소원청구인들을 위한 기본권보호의 최종심最終審이다. 1998년 11월 1일 이래로 모든 유럽이사회 회원국會員國들은 이러한 재판권에 기속되어 있다. 국가의 영토주권하에 있는 국가의 공권력행사를 통해 인권 혹은 기본적 자유를 침해당하였다고 믿는 모든 자에게 개별적인 헌법소원의 제기가능성은 열려져 있다. 유럽인권법원은 이제 재판관들의 공식근무에 대해 회의를 계속하고 있다.

연방헌법재판소의 결정에 만족하지 못하는 독일시민은 유럽인권법원에 제소할 수 있다. 그것은 반복적으로 나타난다. 예를 들면 여교사女敎師 폭트Vogt의 사례이다. 그녀는 독일공산당원이기 때문에 교직敎職에서 해고당했다. 연방헌법재판소는 그녀의 헌법소원을 인용認容가능성이 없다는 이유로 각하했다. 그로부터 3년 후 유럽인권법원은 그녀의 해고가 그녀의 자유로운 의사표현권에 대한 침해로서 비례원칙에 위반되었다고 판시했다. 니더작센Niedersachsen 주州 정부는 공공근무에서 정치적 급진주의자急進主義者의 고용에 대한 주 장관의 결정을 실효失效시켰고, 물론 그 여교사는 그 후 1991년 복직復職되었다.

유럽법원의 기준은 "인권 및 기본적 자유권에 관한 유럽협약Europäische Konvention für Menschenrechte und Grundfreiheiten"(EMRK, 이하 "유럽인권협약" 이라 한다 — 옮긴이)이고, 연방헌법재판소의 기준은 기본법이다. 사실 유럽인권협약 역시 독일연방공화국에도 적용되기는 하나, 연방헌법재판소의 견해에 의하면 헌법의 지위를 향유하지는 못한다. 따라서 유럽인권협약의 침해를 이유로 헌법소원을 제기할 수는 없다.

헌법의 개념을 국가와 연관시키는 사람은 유럽인권협약에 그 우위를 내주지 않는다. 왜냐하면 이러한 문서를 통해서 구성되는 국가는 없기 때문이다. 유럽인권협약의 문서에는 국가구조를 조직하고, 국가기관을 형성하며, 그 권한의 경계를 설정하는 법칙이 없다. 유럽이사회는 영토, 국민 및 주권이 없는 국제법상의 기관이다. 이에 대한 반대견해도 점차 더 많이 주장되는 바, 헌법의 임무를 우선적이고 기능적으로 고찰하는 사람들은 유럽인권협약에 더 높은 등급을 인정하려고 한다. 왜냐하면 헌법의 기능은 "정치政治의 게임규칙장치"가 되는 것에 국한되지 않기 때문이다. 권력제한기능은 정당화 및 조직화기능 이외에 현대헌법의 중요한 성과 중의 하나이다. 이러한 성과는 인권과 사법적司法的 보호를 통해 이루어졌다. 이 경우 유럽인권협약에 의해 보장된 인권이 자신의 독자적인 고권력高權力을 목적으로 하지 않고, 다른 유럽대표자회의 회원국의 공권력의 한계를 설정하는 것은 유럽인권협약의 위엄威嚴을 위해 중요하지 않다. 협약의 경우 헌법요소를 가진 국제조약國際條約이 문제된다. 따라서 기능적으로 고찰하면 유럽인권법원은 헌법재판을 행하게 된다.

비록 연방헌법재판소는 지금까지 이러한 의견에 동조하지 않았다 하더라도, 유럽인권협약의 규정을 고려하고 있다. 기본권의 내용과 범위를 확정하고 법치국가원리를 구체화하는 것이 문제되는 경우라면, 연방헌법재판소는 유럽인권법원의 판례를 해석의 조력수단으로서 원용한다. 그리고 연방헌법재판소는 기본법에 특별히 규정하고 있지 않은 무죄추정無罪推定의 규정에 대해, 이를 명시적으로 보장하고 있는 유럽인권협약 제6조 제2항을 그 근거로 제시한다.

제재권制裁權과 관련하여 양 법원 사이에는 중요한 차이가 존재한다. 이미 설명한 바와 같이 연방헌법재판소는 위헌적인 공권력의 처분을 폐기시킬 수 있다. 그러나 유럽인권법원은 그렇게 할 수 없다. 유럽인권법원은 사실 법률·판례 및 행정작용이 협약에 위배됨을 확정할 수는 있으나, 이를 무효로 폐기할 수는 없다. 각 국내법이 인권을 침해하는 불완전한 보상을 허용한다면, 법원은 침해당한 당사자에게 정당한 보상을 선언할 것이다(유럽인권협약 제41조). 또한 독일연방공화국은 그 폐기권의 흠결에도 불구하고 유럽인권법원의 결정을 존중한다는 점을 강조하고 있다.

유럽인권법원과 연방헌법재판소 사이에는 사실 내용상 불일치가 있을 수 있으나, 관할권 다툼은 없다. 왜냐하면 유럽인권법원에 소원을 제기하는 것은 회원국의 국내법의 권리구제수단을 모두 거친 뒤에야 가능하기 때문이다(유럽인권협약 제26조). 유럽인권법원의 견해에 따르면 이러한 권리구제수단에 속하는 것은 헌법소원이다. 이러한 법적 상태와 관련하여 소송경제적인 이유에서 연방헌법재판소가 기본권뿐만 아니라 유럽인권협약의 척도를 근거로 포괄적 심사를 해서는 왜 안 되는지는 곰곰이 숙고할 만한 가치가 있는 것으로 보인다.

이러한 제안은 여러 가지 이유에서 별로 동조를 얻지 못하고 있다. 그 반대이유 중 하나는 유럽사법재판소의 부담경감이 연방헌법재판소의 추가적 부담의 대가를 치르고 얻은 것이라는 점이다. 또 다른 이유는 연방헌법재판소의 명성이 유럽인권법원의 통제하에 놓임으로써 손상을 입을 수도 있다. 이러한 염려는 인권협약의 카탈로그와 같이 기본권의 카탈로그가 다수의 동일한 의미의 규정과 큰 내부적 근친성近親性을 나타내고 있음을 간과하고 있다. 그 때문에 연방헌법재판소의 노동비용이 두드러지게 증가해서는 안 되나, 유럽인권법원은 여기에 대해 유럽의 법적 통일을 얻게 된다. 왜냐하면 그 확대된 심사범위는 양당사자의 정보와 마찬가지로 통일되고, 적절한 문제해결을 위한 다툼을 고무시키기 때문이다.

스트라스부르의 유럽인권법원에 의해 명성이 후퇴한다는 추측은 오늘날 계속되는 심사척도의 유사성이라는 관점에서 생기고 있다. 연방헌법재판소는 과거에 항변과 이의제기를 받아들여야만 했다. 연방헌법재판소는 자신이 종종 비판하는 전문법원專門法院과 다른 방식에 의해 상이한 해석이 가능하다는 판단에 스스로 위안을 삼아야만 하는가?

3. 유럽연합(EU)에서의 기본권보호

유럽연합회원국의 시민들은 한 국가의 시민이기도 하지만 유럽연합의 시민이기도 하다. 유럽공동체법의 주요 부분은 회원국에 직접적인 적용을 요구하고 있다. 각 규범에 기초하는 권리·의무의 수범자受範者는 회원국뿐만 아니라 그 시민들이다. 유럽공동체가 — 예외를 제외하고 — 일상에서의 법적용을 자신의 집행기관이 아니라 계속해서 회원국의 행정청을 통해서 하기 때문에, 때때로 이러한 점은 숨겨진 채 남아 있다.

그러나 시민들이 또한 초超국가적인 공권력의 규범과 조치하에 놓이게 되면, 그 한계는 시민들에게 위험한 결과를 초래하는 테마가 된다. 이것은 기본권의 비호庇護하에 있는 시민들이 국가권력의 남용으로부터 자신을 보호하는 기본권에 독일연방공화국의 모든 국가권력이 기속羈束되고 있다는 경험을 하는 것 그 이상이다. 특히 시민들이 국가공권력의 행사를 통해 자신의 기본권이 침해를 받았다고 생각될 때에는 연방헌법재판소에 제소할 수 있다.

기본법에 명시되어 있는 유럽통합이라는 국가목적에는 발전하는 유럽통합의 과정에서 모든 헌법적인 성과를 잃지 않을 것을 원하는 시민들의 관심이 반영되어 있다. 왜냐하면 독일연방공화국은 통합조항Integrationsklausel에 의해 민주주의적, 법치국가적, 사회국가적, 연방제적 원칙 및 연대성원리의 의무가 부과된 통일유럽에 영향을 주는 것만을 견지하지는 않기 때문이다. 무엇보다 유럽연합도 본질적으로 독일기본법에 비교할 만한 기본권보호를 보장해야 한다(독일기본법 제23조 제1항).

연방헌법재판소의 강력한 비판가들조차도 동 재판소가 창설된 후 지난 50년 동안 이 분야에서 눈부신 활약을 한 것을 부인하지는 않는다. 따라서 연방헌법재판소가 한번 이룩한 기본권보호의 기준이 유럽통합의 과정에서도 유지될 수 있는지를 알고 싶어 했던 것은 수긍이 간다. 바로 그 때문에 유럽사법재판소(EuGH)와 연방헌법재판소의 관계는 문제가 있는 것처럼 보인다. 마찬가지로 이를 특징짓는 서술어는 거의 투쟁鬪爭이나 재난災難이라는 용어를 차용하고 있다. 여기에는 대립, 권력투쟁 및 대재난Super-GAU이 언급된다. 그러나 양 법원 사이의 권력투쟁 및 경쟁이 논란의 대상이 되는 것은 아니다. 오히려 연방헌법재판소는 공동의 학습과정을 진행하였는데, 이는 점차 단계적으로 미리 구조화된 유럽통합의 과정을 통해 필연적으로 도전을 받고 있으며 아직도 그러하다. 정치적·사법적 실무에 있어서야 비로소 일상업무에서 방향성을 제공하는 각각의 버팀목과 보호책이 다양하게 부각되었다.

1963년 유럽사법재판소의 결정은 그 기초를 이루고 있다. 이에 의하면 유럽공동체법은 회원국에 대해서뿐만 아니라, 개별사인私人에 대해 서로 직접적인 의무를 부과하고 권리를 형성할 수 있다. 국내법질서에서의 유럽공동체법의 직접적인 효력의 원칙은 법공동체로서 유럽공동체 탄생의 "빅뱅Urknall"으로 평가된다. 이러한 "직접효direct effect"의 원칙은 유럽사법재판소(EuGH)의 정치적 적극성의 소산所産으로 평가되고 있다. 그러나 이 원칙은 유럽사법재판소 소장인 로드리게스 이글레시아스Rodríguez Iglesias가 정확히 시사했던 바와 같이, 회원국에 유럽공동체법의 통일적인 효력을 보장한다는 조약條約의 정신과 법원의 임무를 통해 촉구되었다. 이 원칙은 현재 논쟁에서 제외되어 있고, 연방헌법재판소는 이를 분명히 인정하고 있다.

기본권보호와 관련하여서는 사정이 다르다. 여기에 대해 연방헌법재판소는 일찍이 이를 단호하게 방어하였다. 연방헌법재판소는 헌법의 수호자守護者로서의 도덕적 기풍에 충실하게 개별 사례에서 자유권自由權을 보호하는 것이 — 국내적이든 유럽사법재판소와 같이 초超국가적이든 — 재판소의 임무라는 점을 분명히 하였다. 연방헌법재판소는 1974년에 조건부 제1차 결정Solange I-Entscheidung에서 유럽공동체가 "적합한" 기본권 카탈로그의 원칙을 사용하지 못하는 한, 유럽공동체법을 독일기본법의 척도에 따라 심사하는 것을 유보하였다. 왜냐하면 이것은 "포기할 수 없는 독일기본법의 헌법구조에 속하는 본질적本質的 요소"이기 때문이다. 고권력高權力을 국내기관 또는 초국가적 기관에 양도할 수 있는 헌법적 가능성은 기본권보장의 상대화를 무조건적으로 허용하지는 않는다. 물론 연방헌법재판소는 유럽공동체법에 기인한 독일의 국가권력의 행사에 대해서만 심사를 요구할 수 있었다. 또한 연방헌법재판소는 유럽공동체법상의 규범의 효력을 결정하는 것에 대해서는 권한이 없다고 여겼으나, 독일연방공화국에의 적용가능성을 결정하는 것에 대해서만은 권한이 있다고 믿었다. 그 때문에 연방헌법재판소는 직접 유럽공동체의 명령命令에 대한 연방시민의 헌법소원을 허용하지 않는다고 여겼다.

유럽사법재판소는 연방헌법재판소의 결정에 나타난 그 도전을 받아들였다. 유럽사법재판소는 일련의 결정에서 기본권보호를 확대하였다. 유럽사법재판소는 모든 회원국에 공통된 헌법적 전통 및 유럽인권협약과 관련을 가지고 있다. 이와 상응해서 현행 유럽연합조약 제6조 제2항(Art. 6 Abs. 2 EUV)은 유럽연합이 공동체법의 일반원칙으로서 유럽인권협약과 공통된 회원국의 헌법전통을 형성하는 경우에 기본권을 고려하고 있음을 선언하고 있다.

연방헌법재판소는 1986년 조건부條件附 제2차 결정Solange II-Entscheidung에서 유럽사법재판소의 기본권재판부基本權裁判部라는 인상을 주면서 자신의 판례를 변경하였다. 사실 연방헌법재판소는 유럽공동체의 법률행위를 기본권일치성에 기초하여 심사하는 원칙적인 요구를 포기하지는 않았다. 그러나 연방헌법재판소의 견해에 따르면 유럽공동체의 고권적 영역에서 기본법의 척도

尺度에 대체로 비견할 만한 기본권보호가 발전되어 왔기 때문에 연방헌법재판소는 자신의 재판권裁判權을 더 이상 행사하지 못한다. 사상적인 단절 없이 연방헌법재판소는 이러한 판례를 마스트리히트 판결Maastricht-Urteil에서 계승繼承하였다.

"대체로 비견할 만한 기본권보호"가 국내의 헌법재판소를 통해서 보장된 기본권보호와 동일시되어서는 안 된다. 연방헌법재판소는 2000년 6월 7일 자 최근 판례에서 독일기본법상의 개별기본권보호의 영역에서 유럽공동체법과 여기에 기반을 둔 유럽사법재판소의 판례를 통해 동일한 보호가 요구될 수 없다는 것을 확정하였다. 유럽 차원에서의 기본권보호는 독일 국내의 기본권보호 뒤로 후퇴해야 한다. 왜냐하면 회원국 다수를 고려하면 유럽연합과 유럽사법재판소에 모든 국가의 헌법적 요청을 충족하도록 요구할 수는 없기 때문이다. 이 경우 다수의 다른 회원국은 독일법체계를 특징짓는 헌법소원을 모른다는 것을 고려해야 한다. 그 밖에 유럽공동체는 자신의 법이 일반적으로 유효하고 통일적으로 적용된다면, 법공동체가 되고자 하는 자신의 요구를 달성할 수 있다. 법적 통일을 보장하는 것은 유럽공동체법 제234조(Art. 234 EGV)에 의하면 유럽사법재판소의 임무이다. 따라서 비교가능성은 단지 지침에서의 일치성을 의미한다. 보호는 사상, 언론, 집회 및 직업의 자유, 재산권보장 및 평등원칙과 같은 기본적 자유권을 포함해야 한다. 개별적인 관점에서 보호범위는 국내헌법의 보호범위와 모든 점에서 차이가 있을 수 있다. 보호되어야 할 것은 자유권 및 평등권의 보호내용의 핵심이다.

연방헌법재판소는 불가결의 기본권보호라는 일반적 보장에 제한되기 때문에, 개별사례가 아닌 유럽기관의 기본권침해가 연방헌법재판소에 주장될 수는 없다. 불가결의 기본권기준이 일반적으로 더 이상 보장되지 않는 경우에만 헌법소원과 법관에 대한 소제기가 허용된다. 유럽사법재판소의 원칙적인 최종결정권에 대한 존중과 협력관계라는 주된 사고는 국내 헌법재판소와 "감시견Wachhunde"의 임무 수행을 통한 개별사례통제와는 서로 화합하지 않는다. 연방헌법재판소가 주장한 — 매우 이론적이지만 — 예비豫備권한Reservekompetenz은 유럽사법재판소에 대한 위협은 아니다. 이 예비권한은 모든 공권력이 기본권에 기속된다는 현대 민주 헌법에 공통된 규범적 사고의 엄정성嚴整性을 강조하고 있다.

시민의 관점에서 고찰하면, 유럽연합에서의 기본권보호는 여전히 희망사항으로 남아 있다. 단지 유럽연합의 시민이 수백 건의 판결과 조약條約의 혼란스러운 미로迷路 속에서 자신의 권리를 도출해 내야 한다는 것만이 중요한 것은 아니다. 그에 대해서는 장차 유럽연합의 기본권헌장Grundrecht-Charta이 구제책을 마련할 수 있을 것이다. 불만족의 이유는 무엇보다 유럽사법재판소가 행한 기본권심사의 수확이 지금까지 미흡했다는 사실에 있다. 아무도 유럽사법재판소가 "불완전한 출발점出發點에서 중대한 업적業績을 달성했음"을 부인하지는 않는다. 그러나 결국 유럽통합이라는 목적에 우위를 두기 때문에 시민에 대한 기본권이론이 성과가 없다면, 그 동안 갈고 다듬은 기본권이론은 그것에 거의 영향을 주지 못하게 된다. 유럽사법재판소의 판례를 분석해 보면, 동 법원이 회원국의 법률행위를 심사하는 경우에 유럽공동체 기관의 법률행위에 대한 것보다 더 엄격한 기준을 설정하고 있음을 보여 주고 있다. 그 이유는 유럽공동체조약에서 발견할 수 있다. 그 조약은 추진 중인 유럽통합의 이익 때문에 유럽공동체기관에게는 넓은 행동여지를, 그리고 사법적 통제에는 매우 제한적으로 접근할 수 있는 행동여지를 열어 놓고 있다. 그러나 시민들에게 유럽적으로 사고하도록 가르치려는 자는 무제한의 공권력을 방어하려는 시민들의 민주적 욕구를 진지하게 받아들여야 한다.

XI. 연방헌법재판소의 미래

다원적이고 부분적으로 사고하는 사회 속에서 연방헌법재판소를 시대착오時代錯誤라고 비방하기 위해, — 거의 연방헌법재판소가 원칙적으로 거부한 결정에 고착固着해서 — 연방헌법재판소를 "영원한 진실眞實"의 심급審級으로 과대평가하는 그 비평가들에 의해 연방헌법재판소에는 이미 장송곡葬送曲이 울려 퍼졌다. 만약 연방헌법재판소를 단순히 정치의 한 형식으로 파악하고, 그 활동의 정치적 성격에도 불구하고 법원이라는 사실이 망각된다면 이러한 결론은 빨리 도출된다. "영원한 진실"을 공포하는 것이 아닌, 법의 분쟁을 결정하는 임무가 여기에 속한다. 공표된 반대의견의 가능성뿐만 아니라 법원이 이후의 결정에서 종전의 법적 입장을 여러 차례 포기했던 사실은, 연방헌법재판소가 최종적인 구속력을 가지고 기본법을 해석하지만 무오류성無誤謬性을 요구하고 있는 것은 아님을 입증하고 있다. 또한 헌법재판관은 역사와 결부된 인간人間이지 시간을 초월하여 부유하는 정신精神은 아니다. 또한 연방헌법재판소도 오류를 범할 수 있다. 그럼에도 불구하고 그 결정은 법적 안정성을 위하여 구속력이 부여된다.

재판권은 소송이 제기되면, 모든 공권력으로부터 최소한의 민주적民主的인 효력을 갖는다고 한다. 법획득法獲得의 투명성과 관련된 부분은 어느 정도 타당하다. 무엇보다 주문主文의 이유理由가 판결 성립의 모든 요소에 대한 정보를 제공하지 않고, 연방헌법재판소의 다수의 각하결정이 이유제시도 하지 않은 채 발표된다는 사실을 생각해 보면 그러하나. 그렇다면 그럼에도 불구하고 재판권이 "조용한 권력權力"으로 작용하는 것은 헌법재판관들이 여론의 비판을 두려워하는 상황에 대해서 책임이 있는 것은 아니기 때문이다. 그것은 다른 직업에서와 마찬가지로 전적으로 개별사례에서 주어질 수 있다. 비공개평의非公開評議는 특히 사법임무의 특성에 그 책임이 있다. 헌법재판관들은 재판강제에 의해 확정적인 답변을 주어야만 하고, 권위 있는 결정을 통해 평화를 가져다주어야 한다. 모든 사람들이 만족하는 것이 항상 성공은 아니다. 그러나 동시에 헌법재판관들은 절대적인 객관성을 보유하고 있지는 않다는 자각을 하면서 임무를 수행해야 한다. 이러한 사고와 행동의 모순矛盾은 제한적이지만 권위의 손상을 입 지 않은 채 민주주의 공개포럼에서 결말이 날 것이다.

바로 이러한 어느 정도의 연방헌법재판소의 민주주의民主主義의 간극間隙이 국민들이 주장한 귀족적인 제도에 대한 욕구를 만족시킨다는 사실은 다른 장章에 기술되어 있다. 최근 설문조사에서도 확인된 것처럼 연방헌법재판소에 대한 큰 믿음이 시민들의 민주주의에 대한 비非정치적인 불신不信을 나타낸다면, 사실 페터 해벌레가 적절히 지적한 그 말에 걱정스럽게 동의했어야 했다. 연방헌법재판소가 자신의 판결에서 대립하는 사회적 이해관계와 정치사상政治思想 사이의 지속적인 사상적 논쟁만이 국가의 사형성의 정도正道임을 계속 강조하고 있기 때문에, 그럴수록 더욱 불쾌해질 것이다. 그럼에도 불구하고 최근 독일의 정치문화에 대한 정보는 정치적 이해관계뿐만 아니라 정치적 고해성사告解聖事가 1960년대 이래 상승하고 있음을 보여 주고 있다. 민주적인 참여에 대한 욕구는 바로 최근까지 점점 더 공식화되고 있다.

그 때문에 연방헌법재판소의 의미 상실은 국내정치적이기보다는 오히려 진전進展된 유럽통합에 대한 암시暗示로 예언되었다.

왜냐하면 유럽의 법질서의 확대로 유럽사법재판소의 사법司法영역은 확대되고, 연방헌법재판소의 사법영역은 축소되고 있기 때문이다. 유럽기본권헌장에 언젠가는 그 조약條約을 편입시켜야만 하고 법적으로 구속력이 있는 것으로 선언되어야 하나, 연방헌법재판소의 책임영역에 직접적으로 관계하고 있지는 않다. 그러나 유럽공동체법은 유럽공동체기관뿐만 아니라 회원국의 행정청에 의해서도 계속 적용된다. 또한 이들은 – 관청이든 법원이든 – 유럽공동체법의 기본권을 가지고 고려해야 하나, 독일기본법의 기본권과 같은 것을 고려해서는 안 된다. 왜냐하면 유럽 법질서의 통일은 유지되어야 하기 때문이다. 이러한 경우에 유럽법은 회원국법會員國法을 밀어내고, 회원국의 기본권으로 이의를 제기하는 경우에 회원국법보다 우선優先한다. 시민들의 갈등葛藤과 – 지금까지의 – 개선改善된 기본권보호에 대한 이러한 기본권 카탈로그의 병존이 어느 범위까지 갈지는 두고 보아야 할 것 같다. 여기에서 경쟁은 논쟁의 대상이 아니다. 무엇보다 연방헌법재판소는 유럽통합의 관점에서 항상 모든 공권력公權力을 한편으로는 특별한 권력분립權力分立의 메커니즘과 권력통제를 통해서, 다른 한편으로는 기본권과 이를 실현하는 연방헌법재판소를 통해서 제한하여야 한다는 현대 민주 헌법의 규범중심사상을 높이 평가한다.

창립 후 50년 동안 연방헌법재판소의 임무는 바닥이 나지 않았다. 오히려 그와는 반대로 그의 업무부담은 계속 증가되었다. 유럽사법재판소의 창립과 점점 더 확대된 그의 기본권보호는 아무것도 변화시키지 못하였다. 비록 연방헌법재판소에 ― 대략 공공근무에서 여성의 동등한 권리와 같은 ― 몇몇의 주제가 소진消盡된다 할지라도 그러하다. 평등원칙의 영역에서 유럽사법재판소는 연방헌법재판소의 기氣를 "꺾은" 것처럼 보인다. 한 법원에서 다른 법원으로의 주제변경은 유럽연합(EU)법의 성장과 함께 되풀이될 것이다.

다른 한편으로 연방헌법재판소의 문제의 다양성은 과학과 기술의 발달과 더불어 내용적으로 확대되고 변경된다. 사람들은 단지 현대 인간의 게놈의 해독과 이것과 결부된 유전공학遺傳工學의 발전을 윤리적 문제를 가지고 심도 깊은 논쟁으로 이끄는 생명공학生命工學에 대해서만 생각한다. 인간 존엄의 불가침성을 위한 기본법상의 고백告白에 대한 반복적 암시는 사회에 도전하는 문제들이 곧 기본법으로 변형된다는 것을 예감할 수 있게 만든다. 이미 "유전적遺傳的으로 장애障碍를 가진 태아胎兒"는 "건강하게 생성된 삶이 주어진 사람들과 동등한 권리를 가지지 않는가?"

하는 의문이 이러한 방향을 예시하고 있다. 혹은 유전적인 장치를 개선할 기회를 놓치게 되면, 아이가 부모를 상대로 손해배상을 청구할 수 있는가? 헉슬리Huxley의 "아름다운 신세계新世界"는 연방헌법재판소의 심판대審判臺 위에 설 수 있는가? 누가 독일의 헌법재판이 탄생할 때에 이것이 가능하다고 여겼을까?

또 다시 자유自由와 사회국가社會國家의 헌법을 옹호하는 법원의 임무가 제시된다. 문제가 없지 않은 자유와 평등 사이의 균형조정이 최우선적인 정치의 임무이지만, 이는 또한 연방헌법재판소의 청구에 이르는 자유민주주의의 가장 어렵고, 특히 갈등을 함축하고 있는 과제이다. 이러한 문제에 대해, 민주주의가 그 자체로 완성된 삶의 형태가 아니고 오히려 "미래에 대해 개방開放되어 있고 모험적冒險的인 프로젝트"라는 쿠르트 렌크스Kurt Lenks의 주목할 만한 견해는 명쾌하다. 경제적, 사회적 또는 정치적 위기는 기본권을 잠식蠶食하거나 희생犧牲시킬 수 있기 때문에 모험적이다. 그렇기 때문에 단순히 기본권보호가 언젠가 — 더 많은 재판관세대의 능력에 근거하여 — 그 역사적 임무를 완성할 수 있을 것이라고 순진하게 믿을 수 있다. 그 반대도 마찬가지이다. 연방헌법재판소는 방심하지 말아야 된다. 모든 남녀노소男女老少는 거기에서 독일의 국가권력의 행사에 대해 자신의 기본권보호를 추구하여야 할 것이다. 왜냐하면 시민들이 방심하지 않는 것만이 인간의 존엄이 보장되는 민주주의를 최선으로 담보할 수 있기 때문이다.

참고문헌

이하의 참고문헌은 개별적으로 식별할 수 있도록 ― 편집방식에 따른 ― 논쟁이나 인용을 하지 않고, 우선적으로 저자著者가 읽고 이용한 것을 나타내고 있다.

Arndt, A., Das Bild des Richters, Karlsruhe 1957.

Benda, E./Klein, E., Lehrbuch des Verfassungsprozeßrechts, Heidelberg 1991.

Bryde, B.-O., Verfassungsentwicklung, Stabilität und Dynamik im Verfassungsrecht der Bundesrepublik Deutschland, Baden-Baden 1982.

Dreier, H., Grundrechtsschutz durch Landesverfassungsgerichte, Berlin 2000.

Frowein, J. A., Anmerkung zur Pakelli-Entscheidung des Bundesverfassungsgerichts, in : Zeitschrift für ausländisches öffentliches Recht und Völkerrecht(ZaöRV) 46 (1986), S. 286-289.

Geiger, W., Zur Genesis der Präambel des Grundgesetzes, in : Europäische Grundrechte Zeitschrift(EuGRZ) 1986, S. 121- 126.

Grimm, D., Die Zukunft der Verfassung, Frankfurt a. M. 1991.

Grosser, A., Die Bonner Demokratie. Deutschland von draußen gesehen, Düsseldorf 1960.

Guggenberger, B., Zwischen Konsens und Konflikt : Das Bundesverfassungsgericht und die Zukunftsfähigkeit der Gesellschaft, in : Guggenberger, B./Würtenberger, T. (Hg.), Hüter der Verfassung oder Lenker der Politik? Das Bundesverfassungsgericht im

Widerstreit, Baden-Baden 1998, S. 202-232.

Gusy, C., Das Bundesverfassungsgericht als politischer Faktor, in: Europäische Grundrechte Zeitschrift(EuGRZ) 1982, S. 93-101.

Häberle, P., Verfassungsgerichtsbarkeit zwischen Politik und Rechtswissenschaft. Recht aus Rezensionen, Verfassungsgerichtsbarkeit als politische Kraft, Zwei Studien, Königstein/Ts. 1980.

Häußler, R., Der Konflikt zwischen Bundesverfassungsgericht und politischer Führung. Ein Beitrag zu Geschichte und Rechtsstellung des Bundesverfassungsgerichts, Berlin 1994.

Hesse, K., Grundzüge des Verfassungsrechts des Bundesrepublik Deutschland, 20. Aufl., Heidelberg 1995.

Heuss, T./Adenauer, K./Maier, R./Höpker-Aschoff, H./Töpper, F., Ansprachen zur Eröffnung des Bundesverfassungsgerichtes in Karlsruhe am 28. September 1951, Karlsruhe 1951.

Hirsch, G., Der EuGH im Spannungsverhältnis zwischen Gemeinschaftsrecht und nationalem Recht, Neue Juristische Wochenschrift(NJW) 2000, S. 1817-1822.

Jesse, E., Die Demokratie der Bundesrepublik Deutschland, 8. Aufl., Baden-Baden 1997.

Kramer, E. A., Juristische Methodenlehre, Bern 1998.

Kühne, J.-D., Die Reichsverfassung der Paulskirche, 2. Aufl., Neuwied 1998.

Lamprecht, R., Richter contra Richter. Abweichende Meinungen und ihre Bedeutung für die Rechtskultur, Baden-Baden 1992.

Lamprecht, R., Vom Untertan zum Bürger. Die Erfolgsgeschichte der Grundrechte, Baden-Baden 1999.

Lamprecht, R./Malanowski, W., Richter machen Politik. Auftrag und

Anspruch des Bundesverfassungsgerichts, Frankfurt a. M. 1979.
Lenk, K., Probleme der Demokratie, in: Lieber, H. J.(Hg.), Politische Theorien von der Antike bis zur Gegenwart, München 1991, S. 933-989.
Lietzmann, H. J., „Reflexiver Konstitutionalismus" und Demokratie, Die moderne Gesellschaft überholt die Verfassungsrechtsprechung, in : Guggenberger, B./Würtenberger, T.(Hg.), Hüter der Verfassung oder Lenker der Politik? Das Bundesverfassungsgericht im Widerstreit, Baden-Baden 1998, S. 233-261.
Limbach, J., „Im Namen des Volkes". Macht und Verantwortung der Richter, Stuttgart 1999.
Limbach, J.(Hg.), Das Bundesverfassungsgericht, Geschichte—Aufgabe—Rechtsprechung, Heidelberg 2000.
Menzel, J.(Hg.), Verfassungsrechtsprechung, Tübingen 2000.
Parlamentarischer Rat, Stenographischer Bericht der Sitzungen des Parlamentarischen Rats, Bonn 1948/1949.
Pestalozza, C., Verfassungsprozeßrecht. Die Verfassungsgerichtsbarkeit des Bundes und der Länder, 3. Aufl., München 1991.
Radbruch, G., Rechtsphilosophie, 7. Aufl., Stuttgart 1970.
Reissenberger, M. Residenz des Rechts. Das Bundesverfassungsgericht. Ein Porträt mit historischen Tondokumenten, CD, Karlsruhe.
Robbers G., Die historische Entwicklung der Verfassungsgerichtsbarkeit, in: Juristische Schulung(JuS) 1990, S. 257- 263.
Rodríguez-Iglesias, G. C., Zu den Grenzen der verfahrensrechtlichen Autonomie der Mitgliedsstaaten bei der Anwendung des Gemeinschaftsrechts, in: Europäische Grundrechte Zeitschrift

(EuGRZ) 1997, S. 289-295.

Schilling, T., Bestand und allgemeine Lehren der bürgerschützenden allgemeinen Rechtsgrundsätze des Gemeinschaftsrechts, in : Europäische Grundrechte Zeitschrift (EuGRZ) 2000, S. 3-43.

Schlaich, K., Das Bundesverfassungsgericht, Stellung, Verfahren, Entscheidungen, 4. Aufl., München 1997.

Schwarze, J.(Hg.), Die Entstehung einer europäischen Verfassungsordnung. Das Ineinandergreifen von nationalem und europäischem Verfassungsrecht, Baden-Baden 2000.

Seibert, H., Verfassung und Kindschaftsrecht — Neue Entwicklungen und offene Fragen, in : Zeitschrift für das gesamt Familienrecht (FamRZ) 1995, S. 1457-1463.

Simon, D., Die Unabhängigkeit des Richters, Darmstadt 1975.

Simon, H., Verfassungsgerichtsbarkeit, in: Benda, E./Maihofer, W./ Vogel, H.-J. (Hg.), Handbuch des Verfassungsrechts, 2. Aufl., Berlin u. a. 1994, S. 1637-1677.

Uerpmann, R., Die Europäische Menschenrechtskonvention und die deutsche Rechtsprechung, Berlin 1993.

Umbach, D. C./Clemens, T.(Hg.), Bundesverfassungsgerichtsgesetz, Mitarbeiterkommentar und Handbuch, Heidelberg 1992.

Vorländer, H., Die Verfassung. Idee und Geschichte, München 1999.

Walter, C., Die Europäische Menschenrechtskonvention als Konstitutionalisierungsprozeß, in : Zeitschrift für ausländisches öffentliches Recht und Völkerrecht(ZaöRV), Bd. 59 (1999), S. 961-983.

Wildhaber, L., Der vollamtliche Europäische Gerichtshof für Menschenrechte nach seinem ersten Jahr, in : Zeitschrift für Schweizerisches Recht, NR. Bd. 119 (2000), S. 123-135.

독일연방헌법재판소

초판 발행 2007년 3월 20일
초판 1쇄 2007년 3월 20일

지은이 유나 림바흐
옮긴이 정남철
펴낸곳 고려대학교출판부
www.kupress.com
kupress@korea.ac.kr
136-701 서울특별시 성북구 안암동
02-3290-4230, 4232
Fax 923-6311
찍은곳 (주) 이환D&B

ISBN 978-89-7641-596-7 93360
값 7,000원